JERZY GROTOWSKI

COLEÇÃO

Impresso no Brasil, abril de 2012

Título original: *Zygmunt Molik's Voice and Body Work – The Legacy of Jerzy Grotowski*
Copyright © 2011 Ewa Oleszko-Molik e Giuliano Campo.
Todos os direitos reservados.

Os direitos desta edição pertencem a
É Realizações Editora, Livraria e Distribuidora Ltda.
Caixa Postal: 45321 · 04010 970 · São Paulo SP
Telefax: (5511) 5572 5363
e@erealizacoes.com.br · www.erealizacoes.com.br

Editor
Edson Manoel de Oliveira Filho

Gerente editorial
Gabriela Trevisan

Preparação de texto
Marcio Honorio de Godoy

Revisão técnica
Tatiana Motta Lima

Revisão
Fernanda Marcelino
Cristiane Maruyama

Capa e projeto gráfico
Mauricio Nisi Gonçalves / Estúdio É

Pré-impressão e impressão
Corprint Gráfica e Editora

Reservados todos os direitos desta obra. Proibida toda e qualquer reprodução desta edição por qualquer meio ou forma, seja ela eletrônica ou mecânica, fotocópia, gravação ou qualquer outro meio de reprodução, sem permissão expressa do editor.

TRABALHO DE VOZ E CORPO DE ZYGMUNT MOLIK

O LEGADO DE JERZY GROTOWSKI

Giuliano Campo com Zygmunt Molik

TRADUÇÃO: JULIA BARROS

ZYGMUNT MOLIK foi um dos fundadores do Teatro Laboratório de Grotowski e líder no treinamento de atores daquela companhia. *Trabalho de Voz e Corpo de Zygmunt Molik* apresenta uma proposta singular de investigação sobre a voz e o corpo desenvolvidos ao longo de sua carreira como ator, diretor e pedagogo.

Este livro, que nasceu de conversas entre Molik e o autor Giuliano Campo, oferece um fascinante *insight* sobre a metodologia desse professor e praticante, e enfoca seu "Alfabeto do Corpo", sistema que permite que o ator concilie o corpo e a voz no seu processo de preparação.

O livro é acompanhado de um DVD que contém os filmes *O Alfabeto do Corpo de Zygmunt Molik* (2009), *Dyrygent [Maestro]* (2006), que ilustra seus métodos de trabalho, e *Acting Therapy* (1976), que explora seu papel no Parateatro. Inclui, também, uma extensa galeria de fotos que documenta a vida e o trabalho de Zygmunt Molik.

Zygmunt Molik foi cofundador, ator principal e, durante 25 anos, membro do Teatro Laboratório. Ele foi essencial para a formação do treinamento de voz iniciado por Jerzy Grotowski. Suas sessões de treinamento de voz e corpo têm como foco a liberação da energia criativa e a busca da conexão entre corpo e voz como base para o processo do ator.

GIULIANO CAMPO é ator, escritor e diretor. Ele é ex-pesquisador associado do British Grotowski Project, sediado na Universidade de Kent, Reino Unido. É membro do European Theatre Research Network (ETRN) e do Leverhulme International Research Network em colaboração com a escola do Teatro de Arte de Moscou (MXAT).

SUMÁRIO

Apresentação à edição brasileira – *Jorge Parente*   9

Prefácio   13

Agradecimentos   23

PRIMEIRO DIA   25

Acting Therapy | A Voz e a Vida | O Início

SEGUNDO DIA   41

Técnicas | "Cante a Sua Vida" | Professores e Mestres | Grotowski e a Companhia

TERCEIRO DIA   71

Parateatro | A Vida Orgânica e o Processo | Ryszard Cieslak

QUARTO DIA   87

Encontro com o Desconhecido | Montagem

QUINTO DIA   99

O "Alfabeto do Corpo"

IMAGENS DO ALFABETO DO CORPO   133

SEXTO DIA   161

O Texto | Diferenças Orgânicas e Culturais | A Voz como Veículo

SÉTIMO DIA   185

A Atenção | Necessidade, Processo Orgânico, Nostalgia

OITAVO DIA   205

Os Espetáculos | Conhecer Grotowski | O Teatro Laboratório

NONO DIA   247

Colegas e Colaboradores

APÊNDICE   265

Grotowski, O Teatro e Além do Teatro
De Stanislavski a Grotowski |
Teatro dos Espetáculos (1959-1969) | *Parateatro (1970-1978)* |
Teatro das Fontes (1979-1982) e o que Veio Depois

FOTOGRAFIAS   281

Apresentação à edição brasileira

Jorge Parente[1]

Certos encontros são marcantes! Como se tivessem um ar de *déjà vu*. Nós os reconhecemos como se tivessem sido programados, sem saber realmente por quem, nem com quem. Uma espécie de sincronicidade! Foi o caso no Rio de Janeiro, no mês de março de 2012, quando fui com Tiago Porteiro a uma "*master class*" na Unirio sobre o trabalho de Zygmunt Molik, e onde fomos recebidos por Tatiana Motta Lima.

Foi Tatiana que falou de sincronicidade, ao dizer que a nossa presença coincidia com o momento em que devia fazer a revisão

---

[1] Jorge Parente atuou em vários espetáculos desde 1989. Ele encenou B. M. Koltes, H. Pinter, X. Grall. Atualmente, ele se dedica à transmissão do trabalho desenvolvido com Zygmunt Molik.

técnica deste livro e que poderíamos ajudá-la. Nesse dia, nossas lembranças ficaram em ebulição. Lembranças de experiências com o Mestre, lembranças do Mestre na história do teatro, lembranças pessoais, olfativas, sonoras, lembranças das pessoas que encontramos e com quem compartilhamos.

Zygmunt Molik nos convidava a viajar ao "encontro" de si, dos outros e do desconhecido. Cada estágio foi para mim um laboratório excepcional, um lugar de estudo, de recolhimento profundo e de alegrias límpidas. As "vidas", os cantos, as viagens sonoras nos enchiam de vitalidade, nos tornavam confiantes. Os sons nos permitiam perceber o tempo de outra forma, éramos testemunhas e tínhamos consciência de uma mudança, de algo diferente, extracotidiano. Nossos sentidos ficavam mais alertas, mais receptivos. Os estágios criavam um espaço/tempo vibrante com ofertórios vocais, com "cantos do mundo", às vezes com instantes sublimes, cristalinos. Observei Zygmunt inúmeras vezes, fascinado com sua maneira de encontrar soluções para as "liberações" da voz. Testemunhei momentos únicos de doação e compartilhamento, de expressão de si, de uma qualidade de ser, no aqui e agora, ressoando com o outro, com nossas lembranças. Quando uma voz se abria, ela se tornava visível para nós; nossos olhos e nossa atenção eram modificados ali, instantaneamente. Zygmunt Molik acompanhou minha busca com um olhar atento, orientou-me sempre com sugestões, guiou-me. Aos poucos, ele me iniciou na transmissão. Em primeiro lugar, solicitando-me progressivamente, com serenidade e paciência, com humor e leveza, pedindo-me para mostrar um elemento ou outro do Alfabeto do Corpo; depois, para ocupar o lugar de líder no trabalho de grupo. Ele despertou meu sentido de observação e escuta, fez com que eu tomasse consciência da importância da linguagem apropriada para cada intervenção e, só depois, convidou-me a intervir no trabalho de realização vocal.

Uma transmissão pela experiência, pela observação e pela prática. Ele me estimulava através de uma linguagem não verbal, e me inspirava através de uma linguagem de imagens, "tocar o impossível", "buscar o desconhecido". Durante dezoito anos, busquei e explorei o Alfabeto do Corpo com toda a exigência que essa prática requer – exigência física, psíquica, artística e social, exigência de vida. Os enriquecimentos também são múltiplos: de ordem física, emocional, psíquica, espiritual, intelectual, profissional e relacional.

O ensinamento de Zygmunt Molik é reconhecido, respeitado e admirado em todas as partes do mundo. Seu formidável conhecimento do corpo e da voz, seu imenso saber e *savoir-faire*, sua experiência de mais de cinquenta anos de prática, sua ciência da transmissão e sua arte da relação fizeram com que Zygmunt Molik fosse um Mestre nessa "Ciência da Voz". Ele deixou em mim uma marca indelével, deu-me e transmitiu um CANTO para viver. Agradeço a Giuliano Campo por sua contribuição para manter viva a palavra do Mestre.

Prefácio

Esta publicação, instigada por Talia Rodgers, da Routledge, é o resultado de mais de três anos de pesquisa de campo conduzida com Zygmunt Molik acerca de seu próprio trabalho. É resultado do meu papel como pesquisador associado do British Grotowski Project sediado na Universidade de Kent e financiado pelo AHRC (Arts and Humanities Research Council). No entanto, como ficará claro, não se trata de uma típica pesquisa institucional.

O ator polonês Zygmunt Molik sempre foi um herói e um exemplo para mim. Quando era ainda um jovem estudante e profissional de teatro em Roma, passei inúmeras horas assistindo à sua assombrosa representação, analisando no vídeo cada movimento da famosa produção da década de 1960, *Akropolis*, de

Wyspianski, dirigida por Jerzy Grotowski e celebrada como uma das obras-primas teatrais do século XX.

Molik foi o ator principal da companhia de Grotowski, o Teatro Laboratório. Quando a companhia foi formada, no fim da década de 1950, ele era o único ator profissional, mais velho e mais experiente do que o próprio Grotowski. Sua primeira e criativa abordagem para o trabalho de voz, que se conecta com o corpo, foi desenvolvida ao longo de seu trabalho como professor dentro da companhia. Essa abordagem teve um impacto radical e transformador no treinamento vocal dos atores e nas práticas teatrais em todo o mundo, assim como os exercícios plásticos (*exercices plastiques*) criados por Rena Mirecka (outra fundadora e professora da companhia de Grotowski) para o treinamento físico de atores.

Enquanto Grotowski, o guia "espiritual" da companhia, desenvolvia suas habilidades técnicas como diretor teatral e teórico com a colaboração do diretor literário Ludwik Flaszen, ele também trabalhava ao lado de Molik no desenvolvimento dessa inovadora maneira de trabalhar com a voz, que é, ainda, altamente influente no teatro contemporâneo.

Durante esse período, a prática do teatro de laboratório, que se originou com Stanislavski foi radicalmente modificada. A partir de então, o trabalho no laboratório não podia ser concebido apenas como realizações técnicas e habilidades direcionadas para a criação de espetáculos para o entretenimento de uma plateia. Em vez disso, tornou-se um ambiente privilegiado para o "trabalho sobre si mesmo" e logo se abriu para participantes de fora da companhia, que vinham experimentar o trabalho, trazendo consigo histórias de vida e motivações variadas.

Quando me aproximei pela primeira vez de Zygmunt Molik incumbido da tarefa de documentar seu trabalho, estava pronto para contribuir para o cânone de literatura biográfica apologética. As livrarias estão infestadas com esse tipo de texto repleto de pesquisa e que, muitas vezes, não passa de um manual no qual os nomes dos editores estão escondidos atrás do nome do célebre artista. Mas isso não era possível. Molik não queria falar sobre ele mesmo.

Enquanto eu o seguia de perto e estudava sua arte e personalidade, logo percebi que Zygmunt não gostava de dar explicações sobre seu trabalho em público e é por esse motivo que suas ideias sobre o treinamento do ator nunca tinham sido integralmente publicadas. Até mesmo durante as sessões práticas, sua maneira predileta de trabalhar era por meio de uma espécie de silêncio denso, em que, para começar, algumas palavras-chave eram pronunciadas e sucedidas por longas pausas. Você poderá compreender ou não. E se não compreender, tudo bem. Trabalhe e entenderá. Tudo isso funciona magnificamente quando ele está presente e minha tarefa era tentar encontrar uma maneira de fazer com que esse processo funcionasse na forma escrita. Para fazer isso, tive que me tornar seu aluno, seu pupilo e seu companheiro nessa grande aventura intelectual, o que foi, honestamente, uma honra. Agora estou ainda mais consciente de que a compreensão do teatro não pode e não deve ser fácil.

Finalmente, o texto (com o DVD sobre o método de Molik, chamado "Alfabeto do Corpo"), baseado em conversas e sessões práticas, foi editado como uma série de nove reuniões, ilustrando um processo de transmissão da experiência que é o âmago da abordagem teatral de Molik e que se estende para além dele. O foco deslocou-se e a nova obrigação interna que tive que atender foi a de esclarecer este processo; contudo, estava consciente de que teria que negociar tudo isso dentro dos rígidos parâmetros da comunidade científica.

Ainda assim, o começo desta história é mais antigo do que o projeto e considero de grande valia o uso de algumas palavras para tratar das circunstâncias incomuns que suscitaram essa rara colaboração. De fato, o primeiro encontro com Zygmunt Molik ocorreu alguns anos antes, quando lhe entreguei alguns queijos franceses. Fui incumbido dessa tarefa por uma de suas alunas da Suíça, com quem eu estava compartilhando a hospedagem em um albergue durante a sessão de 2005 da ISTA (International School of Theatre Anthropology, dirigida por Eugenio Barba).

As sessões da ISTA eram intermitentes e itinerantes, e a sessão em questão aconteceu na elegante e antiquada cidade de Wroclaw, Polônia, e foi organizada em colaboração com o *The Grotowski Institute*, que tem ali sua sede. O instituto agora é dedicado à preservação da memória de Jerzy Grotowski e seu Teatro Laboratório, e à continuidade de sua visão e princípios de trabalho. Grotowski viveu na Itália durante muitos anos e faleceu naquele país em 1999. No entanto, a maior parte do seu trabalho foi realizada em Wroclaw; é lá que Molik, que trabalhou com a companhia desde o início, ainda vive.[1]

Essa sessão da ISTA em particular ocorreu em um momento muito especial, porque enquanto as sessões teatrais estavam acontecendo (envolvendo professores, artistas e participantes do mundo inteiro), o papa polonês morreu em Roma e, repentinamente, à nossa volta, a população de Wroclaw entrou em um luto comovente, difícil de ser descrito sem parecer retórico. Uma imensa onda de emoção já estava no ar, e esse confuso turbilhão de sentimentos veio junto comigo quando essa aventura no teatro começou.

Continuando, essa aluna de Molik teve que deixar a sessão da ISTA antes do previsto, e colocou em minhas mãos os queijos

---

[1] Zygmunt Molik faleceu em Wroclaw no dia 6 de junho de 2010. (N. T.)

que ela havia trazido para Molik e tinha protegido dos ataques diários dos esfomeados alunos do teatro. E, assim, o conheci.

Antes disso, conhecia apenas sua mitologia; o protagonista de *Akropolis* (a litania que ele canta no final do espetáculo ainda ressoava dentro de mim durante aquela primeira visita à Polônia) ou o criador de técnicas físicas e vocais estranhas e misteriosas, como os "ressonadores", que dentro dos círculos teatrais ainda são considerados quase místicos.

É claro que naquela época eu costumava tentar praticar algumas destas técnicas com meus grupos teatrais em Roma, assim como milhares de outros praticantes em todo o planeta que buscavam o "ator sagrado" de Grotowski. Essa é apenas uma das muitas formulações inspiradoras que integram o seu livro "Cult" *Rumo a um Teatro Pobre*.

Conheci o homem, mas o mito continuou povoando meu pensamento, não desapareceu. Tivemos uma amizade que se enriqueceu com os muitos jantares e bons vinhos que bebemos. Nas visitas a Zygmunt e à sua bela esposa Ewa, sempre levava uma garrafa de Pomerol, a bebida predileta de ambos.

Enquanto divertia-me com ele, continuamente tinha *insights* acerca da sua experiência essencial, e meu conhecimento sobre teatro evoluiu significativamente. Trabalhar neste livro me deu a oportunidade de fazer com que esse progresso fosse efetivo e de compartilhá-lo coerentemente na minha própria prática e nas aulas que ministro.

Uma vez mais, apesar da intenção inicial ser a de divulgar informação a respeito da vida de Molik e de sua visão teatral, além de apresentar suas técnicas (estudantes e pesquisadores encontrarão muito material útil e original), o que se desenvolveu aqui foi o resultado escrito de uma comunicação direta e interna iniciada com Molik há alguns anos. O texto não oferece um relato do treinamento prático e do trabalho teatral que ocorreu durante meu tempo com Molik. Isso porque desde o princípio estava claro que, devido à abordagem específica de Molik, a forma final deste documento não deveria ser a de um manual prático. Tomei muito cuidado para remover qualquer coisa que pudesse levar o leitor a procurar receitas acerca do que fazer.

Tanto o livro quanto os vídeos que acompanham a obra são meros vestígios que ilustram seu trabalho através de sombras e signos que o observador estudioso deve utilizar de maneira pessoal, não como mandamentos a serem seguidos.

Todavia, ambos oferecem *insights* específicos acerca do trabalho, e o quinto capítulo, acompanhado de uma galeria completa de fotografias capturadas do vídeo, é inteiramente dedicado ao "Alfabeto do Corpo". Esse vídeo foi feito por mim, com o suporte técnico de Heather Green e com pouquíssimos recursos técnicos e financeiros, no apartamento de poucos metros quadrados do ator português Jorge Parente, localizado na periferia de Paris. Foi filmado em poucas horas, enquanto havia ainda luz do dia, editado durante a noite em um quarto de hotel barato na Bastilha e exibido e concluído um dia depois no apartamento de Molik, para registrar seus relevantes comentários.

Não havia, deliberadamente, um objetivo estético na realização do filme, para evitar a impressão de se tratar de um vídeo de ginástica. Foi feito exclusivamente para gravar e ilustrar as principais ações criadas por Molik, que ninguém até então havia conseguido documentar corretamente.

Nem todas as "letras" do "Alfabeto do Corpo" estão presentes no DVD. Decidimos não incluir algumas porque deve ficar claro que não se trata de uma receita a ser seguida sem o envolvimento criativo do estudante. Não podíamos arriscar a incompreensão de estarmos oferecendo um guia de "passos para a representação". O DVD oferece imagens, em vídeo, da grande maioria das ações do "Alfabeto do Corpo", com o propósito de esclarecer o trabalho de Molik.

Logo no começo do livro, você verá que a explicação de Molik sobre seu trabalho nos leva a pensar que se trata de algo "xamânico". Para um leitor moderno pode ser difícil aceitar essa perspectiva; contudo, o texto completo deve ser lido sob essa perspectiva mesmo. O filme *Dyrygent* (feito em 2006) foi incluído porque mostra Molik trabalhando com o grupo em Brzezinka, local histórico do trabalho, nas redondezas de Wroclaw; embora não ofereça uma explicação do processo técnico, é um complemento para o filme "Alfabeto do Corpo", assim como o terceiro filme, *Acting Therapy* (1976), também nunca antes lançado. Este inclui fragmentos de sessões lideradas por outros membros do Teatro Laboratório, como Antoni Jaholkowski, Stanislaw Scierski e Rena Mirecka com seus "exercícios plásticos". Ele é o único filme sobre o período chamado de "Parateatro", e se refere diretamente ao texto.

Espero que um cotejo atento entre os três filmes e o livro ofereça uma imagem aceitável, ainda que limitada, do trabalho de Voz e Corpo de Molik, tanto com indivíduos como com grupos.

O trabalho de Voz e Corpo foi iniciado em meados da década de 1970, período conhecido como a fase do "Parateatro" de Grotowski ou do "Teatro da Participação", que sucedeu o período do "Teatro dos Espetáculos" (leitores podem consultar o apêndice para uma descrição mais detalhada das fases do trabalho de Grotowski). Voz e Corpo inclui o "Alfabeto do Corpo", que Molik concebeu como uma evolução dos princípios de trabalho que utilizou como ator e líder da companhia de Grotowski durante o "Teatro dos Espetáculos". Ao mudar o foco e a meta deste projeto, ele desenvolveu o alfabeto como uma ferramenta para o trabalho sobre si mesmo, junto com seu uso pragmático no treinamento do ator. Então, mesmo depois da dissolução da companhia, em 1984, Molik continuou utilizando essa ferramenta durante suas sessões. O trabalho de Voz e Corpo permitiu a Molik conhecer e ensinar milhares de praticantes em todo o mundo durante mais de trinta anos.

Durante o processo de criação desta publicação, muitas vezes fui levado a recordar meus preciosos *insights* recebidos ao longo do meu treinamento anterior. Tive a sorte de aprender que existem dois tipos de livros no teatro: um que contém e reporta fatos ou experiências, e outro que constitui uma experiência em si mesma, em que o autor almeja transmitir seu conteúdo para garantir a continuidade do trabalho através da prática do leitor. Denominamos estas obras como "teatro em forma de livro". Nosso texto, resultado da colaboração e vínculo estreito entre os dois autores, foi concebido com tal intenção "orgânica".

Depois de começarmos a trabalhar juntos, tornei-me progressivamente consciente de que Zygmunt me influenciava como ser humano mais do que como artista e pesquisador. A escolha de uma vida no teatro pode ser casual e pode vir a ser profissional, tornando-se depois um ofício. Acaba se revelando como uma disciplina que orienta o comportamento e o modo de pensar, uma maneira particular de abordar e enxergar a realidade. Cheguei à conclusão de que minha principal preocupação deveria ser a de ilustrar nosso diálogo e o processo de aprendizado e transmissão de habilidades, em vez de simplesmente oferecer um monólogo solitário. Meu desejo é que o texto seja encarado como um corpo vivo e que o leitor possa ser capaz de experimentá-lo a partir da minha perspectiva.

Estou ciente de que a importância do texto encontra-se exclusivamente nas palavras de Zygmunt; contudo, acreditamos que excluir minhas intervenções poderia facilmente resultar em um estilo chato e artificial. Elas contribuem para deixar o livro vivo e para mostrar ao leitor, com vivacidade, a real personalidade de Molik. É por esse motivo que a linguagem não é e nem pode ser acadêmica e, ao mesmo tempo, não é exatamente informal.

O leitor intimamente interessado em apreender o segredo do trabalho de Molik será acompanhado pela minha presença no texto. Nessa espécie de diálogo maiêutico, oferecemos ao leitor todas as ferramentas necessárias para capacitá-lo a tomar o meu lugar como interlocutor de Molik, com todos os obstáculos envolvidos nesta abordagem.

Sinto necessidade de informar ao leitor que este texto reflete seu próprio desenvolvimento que, utilizando este tipo de diálogo, gerou uma troca mútua e livre e que, além disso, mostra dois não nativos se comunicando em inglês em um ambiente privado. O texto pode não ser considerado equilibrado e estruturado como uma "boa" publicação crítica e erudita deve ser. Não obstante, a abordagem investigativa de um historiador e teórico foi mantida e está presente ao longo da obra.

Sou capaz de observá-la internamente e sua arquitetura me parece parcialmente antiga e parcialmente recém-terminada ou reformada em diferentes fases, em que sinais dos efeitos do tempo e das mudanças climáticas foram deixados impressos nos tijolos.

No caso de o leitor questionar por que o resultado aparenta ser pobre e mal organizado, mesmo após anos de pesquisa e trabalho, eu responderia, de acordo com a mesma metáfora da construção, que nem o esforço dos construtores, nem as experiências durante a construção, nem sua textura apontam para o verdadeiro valor da obra. Esse valor pode ser alto, baixo ou inexistente. Em outras palavras, espero que a atenção do leitor esteja direcionada para aquilo que não é evidente no livro; trabalhei constantemente apoiado nessa ideia.

Agradecimentos

Esta publicação não existiria sem os ensinamentos inspiradores recebidos em diferentes momentos, lugares, formas e graus de intensidade de Franco Ruffini, Nando Taviani, Eugenio Barba e Rena Mirecka.

Recebemos o apoio inestimável de Ewa Molik, Stefania Gardecka, Bruno Chojak e de toda a equipe do *The Grotowski Institute* de Wroclaw, que também providenciou algumas das preciosas fotografias que integram o DVD.

Agradeço calorosamente a Francesco Galli por suas fotos e por seu comprometimento, e a Maurizio Buscarino pela permissão de publicar um pedaço de sua magistral obra fotográfica, uma foto que retrata Molik ensaiando o *Apocalypsis cum Figuris*.

O DVD o *"Alfabeto do Corpo" de Zygmunt Molik* é resultado de uma excelente participação voluntária de Heather Green e Jorge Parente.

O texto melhorou significativamente com as atenciosas intervenções de Jonathan Grieve e Emily Ayres. Magda Stam ajudou com a tradução da ortografia polonesa.

O projeto como um todo tem sido constantemente apoiado em todas as etapas pelo meu ex-orientador e amigo de longa data, Paul Allain, e pelo entusiasmo de minha editora, Talia Rodgers. Agradeço a todos.

Giuliano Campo, setembro de 2009.

Primeiro dia

ACTING THERAPY | A VOZ E A VIDA | O INÍCIO

CAMPO: *Gostaria de iniciar nossa conversa sobre seu trabalho e sua vida discutindo um episódio que considero exemplar. Trata-se do filme* Acting Therapy. *É um filme raro, gravado em Wroclaw, Polônia, no estúdio do Teatro Laboratório, a companhia que você cofundou, dirigida por Jerzy Grotowski, e que mostra uma atividade do* workshop *que você e a atriz Rena Mirecka conduziram em meados da década de 1970. O filme mostra claramente a qualidade do seu trabalho com os participantes, sua habilidade de abrir as vozes dos participantes através de um relacionamento pessoal. Eu me pergunto o que aconteceu nesta ocasião específica, porque é visível que algo de extraordinário aconteceu quando você estava trabalhando com aquele menino.*

MOLIK: É uma estranha maneira de começar um livro, gostei. Concordo que é um momento chave, mas tudo está visível ali. Então, o que eu poderia explicar? Aconteceu daquela maneira porque eu não sabia o que fazer. Fiz tudo que considerava necessário para atingir minha meta. Meu objetivo era simplesmente abrir aquela voz porque eu sabia que ele a possuía, mas não era capaz de demonstrar. Então fiz tudo o que era necessário e foi apenas isso, não sei dizer agora o que fiz, o que eu estava fazendo. Fiz muitas coisas estranhas, porque tentei de um jeito e depois de outro e assim por diante, assim por diante... até que consegui. E aí você pode ver o quanto foi difícil. Mas eu sabia o que estava fazendo e de fato atingi a meta.

CAMPO: *Você primeiramente trabalhou com a voz dele porque ele não tinha voz alguma e, no fim, ele encontrou a própria voz. O que é o relacionamento entre a voz e a o resto da vida, porque trabalhar com a voz, o que é a voz?*

MOLIK: Eu não sei, mas eu consegui apreender. Agora, quando penso no que fiz, posso afirmar que o meu trabalho é como o trabalho do xamã. Trabalhei como um xamã, tentando tornar possível o impossível. Parecia que não havia nada a ser feito, mas ele estava com tanta resistência a si mesmo, não estava aberto, não se permitia se abrir, e assim por diante. Tentei muitas coisas e demorou um longo tempo. Geralmente não trabalho tanto tempo com um "paciente" (aqui posso usar este termo), mas desta vez fui muito teimoso e finalmente conseguimos sim.

CAMPO: *Quando você trabalha com outros estudantes, ou atores, ou praticantes, você utiliza a mesma abordagem para abrir canais energéticos, liberando-os e tentando encontrar algo para tornar aparente aquilo que se encontra escondido, como você fez nesse caso?*

MOLIK: Não, nunca consigo fazer o mesmo, porque somos todos bem diferentes. Nunca enfrento desafios diferentes da mesma maneira. Meu método é descobrir a maneira certa de aproximar-me verdadeiramente das pessoas e essa é a única maneira de conseguir resultados. Não existe um método único que sempre aplico para conseguir o resultado que almejo. Preciso adivinhar, buscar, procurar muito e aí consigo chegar em algum lugar. Geralmente demanda bem menos tempo, mas o caso visto no filme foi bem difícil e foi por isso que demorou tanto. Normalmente, se tento abrir a voz de alguém, consigo em dois ou três minutos. É o suficiente. Tento posições diferentes, na parede ou no chão e, muitas vezes, é o suficiente, mas daquela vez não foi. Nada funcionava e se tornou uma espécie de busca no desconhecido absoluto. Foi um caso nunca antes visto na minha experiência. Sabia que ele tinha uma voz plena, mas que era incapaz de abri-la. Anos depois, tive um caso semelhante em que não parecia ser possível abrir a voz de uma pessoa. Foi perto de Bordeaux, Las Téoulères, um estúdio em uma fazenda. Não era possível extrair uma voz, mas finalmente consegui após muitas tentativas, tentando de uma maneira, de outra e assim por diante. Aconteceu finalmente de maneira muito simples: fiz com que ele corresse, caísse e depois gritasse.

CAMPO: *"Gritar" foi a instrução que você deu?*

MOLIK: Sim, eu apenas disse a ele: "Grite agora!", e ele gritou e, depois, já que estava aberto, foi mais fácil. A abertura foi gradual e, quando ele conseguiu, ele pôde manter aquela voz. Eu repeti e disse a ele: "Grite, respire e grite, continue gritando". E ele conseguiu e depois apenas regulei a sua voz, colocando-a em um canal normal e ele começou a cantar com toda sua capacidade vocal.

CAMPO: *Ele não tinha conseguido fazer isso antes. Era a sua primeira vez.*

MOLIK: Sim, ele não conseguia. Antes apenas balbuciava algo do tipo "da-da-dara-dara-ta-tari-ta-tara" com uma voz muito fraca e não era capaz de fazer isso com uma voz normal. Primeiro, ele abriu a sua voz com estes gritos, quando caiu e apenas reagia a este "Ah!" com a boca aberta. Depois, lentamente, prolonguei e tentei com duas ou três respiradas e depois virou um canto normal. Era apenas uma questão de regular essa energia e essa abertura, depois manter e abrir essa energia ao mesmo tempo.

CAMPO: *Vejo que você trabalhou por meio de choques com ele: o choque físico da queda e o choque emocional com o grito. Você acha que é possível trabalhar diretamente com as emoções, conduzindo as emoções, as emoções de outra pessoa?*

MOLIK: Não, com as emoções nada era possível. Tinha que ser como apareceu, como apareceu para mim, deve ser um choque físico, sem emoções. Não tentei dessa maneira porque observei que a sua voz estava fisicamente bloqueada na garganta, já que ele emitia um som parecido com "aargh".

CAMPO: *O gritar foi consequência da queda?*

MOLIK: Foi como acumular energia e em seguida explodir. Ele respondeu rapidamente quando me ouviu dizer: "Grite!". Foi uma reação simples e inconsciente e depois ele pôde fazer de forma consciente, mas tinha que começar de forma inconsciente. Era como se eu encostasse nele um pedaço de metal aquecido no fogo que fazia com que ele gritasse. Como não utilizei uma coisa dessas, fiz com que ele corresse e em seguida caísse.

CAMPO: *Isso deixa claro que existe uma profunda conexão entre estímulos e impulsos físicos e a voz; que provocar fisicamente o corpo abre canais que libertam a voz. Sempre pensei que apesar do uso da voz fazer parte da fisiologia do corpo, é evidente que a voz é também uma conexão para algo além do corpo. Por isso que trabalhar com a voz pode ser tão poderoso. Então, neste caso, você estava trabalhando com a voz através do corpo para abrir algo em um sentido mais amplo. É uma abertura do self. Então tem algo que se abre que não é puramente físico. O que se abre exatamente?*

MOLIK: A laringe se abre.

CAMPO: *Então é sempre algo exclusivamente físico.*

MOLIK: No fim, sim, mas apenas no fim. De qualquer modo, a diferença entre o primeiro caso e o segundo que acabo de contar é que para o primeiro menino demorou quase meia hora – sendo que quatorze minutos são visíveis no filme – e para o segundo menino decidi o que deveria ser feito após três minutos de tentativas, e então pedi que ele experimentasse correr e cair e, em seguida, gritar.

CAMPO: *O que acontece quando você trabalha com uma voz "já aberta"? O que acontece, qual é o efeito de trabalhar com essa voz? Você já viu as diferenças entre a sua abordagem de trabalho com quem já é profissional e maduro e com quem é amador ou vem de uma experiência muito diferente, que nunca teve uma experiência no teatro? As abordagens devem ser muito diferentes ou é sempre uma relação muito pessoal?*

MOLIK: É muito diferente, mas não faço distinção entre amadores e profissionais, porque estou trabalhando com o organismo. Com o organismo como um todo. Na primeira fase, deixo para trás tudo que está conectado à experiência anterior. Quero dizer, quando começo a trabalhar a voz, não faço distinção entre o amador e o profissional. É a mesma coisa, o organismo é o mesmo. Posteriormente, realizamos um trabalho profissional. Monólogos e músicas. Mas nos primeiros dois dias, todo mundo faz a mesma coisa. Apenas cantamos juntos. E se alguém tiver um problema e não tiver voz, porque não consegue abri-la, preciso fazer aquele trabalho individual, mas apenas com estas pessoas. Quando vejo que alguém não é capaz de cantar de jeito nenhum e consegue apenas expressar o som "agh" preso na garganta, com a voz baixa, passo a fazer trabalho individual.

CAMPO: *O organismo é o mesmo para todos, sim, mas a sua experiência é oriunda do teatro. Como é que a arte está envolvida neste processo? Sua vida é uma vida artística, suas técnicas, sua abordagem vem da arte.*

MOLIK: Para tratar disso, é preciso falar de outra coisa. Até agora estávamos falando da voz em si, então agora vou contar mais algumas coisas. Precisamos primeiramente encontrar a Vida. Apenas nessa Vida que se pode tentar colocar, se é que possível dizer isso, uma voz aberta. E a partir dessa voz aberta precisamos passar da simples vocalização para uma música. E aí colocamos o texto. Então essa é a maneira como trabalho e, por esse motivo, sempre inicio com a prática física. Se o corpo já estiver aberto, começo a trabalhar muito suavemente com a voz, primeiro cantando juntos, depois escutando cuidadosamente e ajustando a harmonia. Isso é feito para que o cantar não seja caótico e para que possamos encontrar juntos um coro, um coral que soe bem. Muitas vezes ouço alguém gritando algo como "Uah! Uah! Uah!"; não é isso que estou buscando. Ele tem que trazer uma boa contribuição com seu canto, como se estivéssemos cantando em um coral. Essa energia diferente é muitas vezes muito parecida com o canto, às vezes cantamos juntos com tudo plenamente aberto, mas durante os primeiros dois dias o objetivo é trabalhar o respirar, a respiração. Depois, poderão adentrar mais o desconhecido, já que a Vida foi encontrada. Todos encontram a Vida em si mesmos. A Vida é algo conectado com a vida de cada um, com as memórias, e até mesmo com os sonhos. É isso que chamo de "a Vida". É difícil de explicar. A Vida, quando encontrada, possui sua forma física e vocal. E daí não é mais magma. Quando cantamos juntos, temos apenas o material, uma espécie de matéria crua, que se materializa nesta área comum. Após alguns dias, dois ou três dias, todos começam uma jornada individual. No desconhecido. Não explicarei o que significa o desconhecido, apenas que existe e que é possível de ser encontrado. Alguns encontram no primeiro dia (quero dizer, no terceiro dia, porque é o verdadeiro primeiro dia desse tipo de pesquisa), outros no terceiro dia e outros ainda encontrarão no último momento, no quinto ou sexto dia. Nessa maneira de cantar, o desconhecido agora se materializa na própria pessoa, de forma física, no corpo e também na voz, porque a voz é um veículo. A Vida é trazida à tona. A Vida, ela mesma.

CAMPO: *Podemos relacionar isso com o que Grotowski denominava de "Processo" ou é algo totalmente diferente?*

MOLIK: Não, é a mesma coisa. O "Processo" vem depois. A primeira coisa a ser feita deve ser o trabalho físico para abrir plenamente a voz. Eu não sei como a laringe funciona tecnicamente, mas sei que possui uma forte conexão com a energia, também com a psique, porque a voz tem diferentes cores. Todos estes elementos devem estar prontos. Se não estiverem prontos, precisam estar ao menos preparados. Tudo precisa estar preparado para funcionar junto. E assim podemos nos ocupar com o "Processo". Este é o trabalho básico que deve ser feito.

CAMPO: *Então a voz é um instrumento para conectar o corpo e a psique.*

MOLIK: Sim, exatamente, tudo. Até mesmo a alma.

CAMPO: *E qual é o papel da inteligência, ou da consciência, como você melhor descreveu, já que esse processo é consciente e inconsciente?*

MOLIK: A inteligência é algo marginal.

CAMPO: *Mas, afinal, quem está liderando o processo? Pensei em Stanislavski. Para ele, existe uma parte do "eu" do artista que precisa estar ciente do que está acontecendo.*

MOLIK: Este é o mestre. A inteligência é o mestre que está tão acima do organismo que não precisamos trabalhar sobre ele.

CAMPO: *Após o momento de preparação vocal, cada participante deve realizar com precisão uma partitura física durante as sessões de trabalho. Qual é o papel da precisão nesta Vida "flutuante"?*

MOLIK: Antes de mais nada, a Vida deve ser encontrada. Depois reencontrada diversas vezes e as correções necessárias devem ser feitas, porque algumas correções são sempre necessárias. Em seguida, teremos a "partitura".

CAMPO: *E cada participante deve ser capaz de repeti-la. Quanto mais repetição, maior a precisão, é assim que funciona.*

MOLIK: Sim, mas você não deve repetir muito. Repetir duas ou três vezes é o suficiente. Depois, a grande questão é não perder a Vida, porque é muito fácil de ser perdida. Quando a Vida dentro da construção se perde, a "partitura" remanescente torna-se apenas um espaço vazio. É uma construção vazia. Pode acontecer – na verdade sempre acontece – que quando você faça pela primeira vez, encontre pela primeira vez, esteja plena. Na segunda tentativa, talvez ainda haja plenitude – esteja vivo – mas pode ser demais ou de menos. Por este motivo, é necessário construí-la na segunda vez, porque é necessário fazer algumas correções, que muitas vezes são minúsculas. Às vezes, na segunda tentativa tudo se perdeu e aí você deve procurar pela fonte desta Vida. Como ela foi encontrada na primeira vez? Isso é muito interessante porque frequentemente acontece de algo ser quase esquecido e, às vezes, muita coisa é esquecida. Como chegar na fonte de tudo isso? Essa é a coisa mais importante. A precisão.

CAMPO: *Existe apenas uma fonte para todos os casos? Por exemplo, e se a Vida existe em uma seção e se perde em outra? Como reavivar essa Vida?*

MOLIK: É por esse motivo que os olhos são necessários. Um olhar exterior. Muitas vezes não é possível que a pessoa trabalhando sozinha se recorde do que fez. Deve haver alguém que presenciou aquela primeira vez, quando estava pleno, quando estava bom, quando estava justo. Alguém que o relembre sobre o momento, e sobre como ele fez: era desse jeito, era daquele jeito. E, passo a passo, é possível encontrar o primeiro valor dessa Vida.

CAMPO: *Então existe a possibilidade de trabalhar a partir do externo e, a repetição de alguns elementos, de alguns detalhes visíveis, pode ajudar na revelação da Vida.*

MOLIK: Exatamente. Na verdade, há 50% de chances de alguém retornar à primeira versão sem nenhuma falha. Pode acontecer quando existe uma Vida curta. Com uma Vida mais longa não é possível. Nunca, praticamente. Deve haver algumas correções, geralmente.

CAMPO: *Então, nesse caso, o olhar externo apreende mais do que o próprio artista, já que é provável que o artista não sinta o que é visto. Então existe algo de objetivo que deixa de ser subjetivo.*

MOLIK: Certamente.

CAMPO: *Li seu artigo "Como a Tradição É Passada de um para o Outro", que é uma das poucas coisas que consegui encontrar sobre Jury Zavatsky – o seguidor de Stanislavski e Vakhtangov que Grotowski chamava de pai após o seu estágio na GITIS, em Moscou.[1] Também explica o que Grotowski aprendeu com os ensinamentos de Stanislavski e as diferenças entre as duas abordagens. Ao ler o que você diz sobre ética em relação a Stanislavski e Grotowski, o que me vem à mente é que muito além das técnicas, esta é provavelmente a conexão principal entre os dois. Sobre essa questão, posso dizer que muitos mal-entendidos ainda existem, principalmente nos países de língua inglesa, sobre Stanislavski e Grotowski e, portanto, sobre o seu trabalho. Esses mal-entendidos resultam de uma espécie de receita supostamente oriunda desses mestres, um tipo de lista de técnicas de trabalho e que perdem de vista o sentido verdadeiro desta linha de pesquisa, que é essencialmente o trabalho sobre si. A tradução inglesa do principal livro de Stanislavski intitula-se* An Actor's Work *[O Trabalho do Ator],[2] que perde a importância do original russo, que é* O Trabalho do Ator sobre Si Mesmo. *Mas eu pergunto agora, onde está o valor em todo o trabalho com os participantes de que você estava tratando. Onde está a ética nesse trabalho? Como é que se transforma um praticante ou estudante ou alguém com quem você esteja trabalhando?*

---

[1] Este artigo estava temporariamente disponível *online* e nunca foi publicado.
[2] K. Stanislavski, *An Actor's Work: A Student's Diary*. Editado e traduzido por Jean Benedetti. Nova York, Routledge, 2008.

A abordagem da vida muda? Isso é algo que teoricamente pode gerar transformação ou pode ser apenas um trabalho temporário com consequências temporárias. Você viu alguma mudança real nas pessoas que trabalham com você?

MOLIK: É claro que vejo isso. Mas não lido com a ética assim como não lido com a alma. Porque meu trabalho se chama "Voz e Corpo" e a ética está mais conectada à alma. Para eles, os estudantes, os pupilos, ou como quisermos chamar, é possível que este trabalho envolva ética, mas eu não sei. Eu não lido com isso, infelizmente. Eu pressuponho que a nossa ética, quando iniciamos nosso trabalho, é muito desenvolvida e não precisa de nenhuma melhoria. Muitas vezes, estou enganado. Mas não posso intervir na ética de uma pessoa conscientemente. Inconscientemente, provavelmente interfiro.

CAMPO: *Gostaria de saber como você construiu seu papel em Akropolis.*

MOLIK: Eu sei que você quer saber porque foi muito exigente no nível vocal. Trata-se de um papel bastante exigente. Você já viu o filme *Akropolis*,[3] então você percebeu que apresentei coisas difíceis de serem feitas com a voz.

CAMPO: *Passei muitos anos experimentando comigo mesmo e com as pessoas que trabalhavam comigo um tipo de trabalho que você fazia nessa época. Sempre quis saber o que eram os "ressonadores" exatamente.*

---

[3] *Akropolis*, peça dirigida por Jerzy Grotowski; diretor de cinema, James MacTaggart. GB: Arthur Cantor Films, 1968. Baseado na peça *Akropolis* de Stanislaw Wyspianski. Precedido pelos comentários de Peter Brook sobre o significado do cenário de Grotowski.

MOLIK: Bom, posso dizer alguma coisa, mas esqueci dos "ressonadores" há muito tempo. Foi há muito tempo. Quando comecei a explorar e a ensinar o "Voz e Corpo", iniciei com os ressonadores, mas depois de um tempo achei-os completamente inúteis e até nocivos, porque a atenção dos participantes caminhava na direção errada. Começaram a brincar com os ressonadores e a vocalizar, por exemplo, um tipo de "Aah" proveniente da área frontal, logo abaixo do pescoço, e um "Houu" proveniente da nuca e um "Hii", da área mais alta da nuca. Não era isso que eu estava procurando. Então, concentrei-me apenas na voz orgânica, em como acessar esta voz da base da coluna, como começar os ressonadores do fim da coluna vertebral, o ponto mais baixo da coluna vertebral. Depois, por meio do canto, [me concentrei] em como abrir a laringe e encontrar uma maneira de abrir o peito ou os ombros. Estes últimos anos, com muita suavidade, tentei retomar, mas era um processo muito, muito delicado, porque é melhor quando a busca no desconhecido encontra o ressonador certo do que conscientemente usar estes ressonadores na barriga, ou aquele ressonador no pescoço, etc. Estes últimos anos tentei, com muita delicadeza, lembrar as pessoas da existência dos ressonadores, mas isso deve ser feito com muita suavidade; como eu disse, é um assunto muito delicado. Prefiro não usar os ressonadores durante o trabalho, porém tento explicá-los usando elementos diferentes, de maneira bem diferente.

CAMPO: *E quem foi o criador desse sistema de exercícios?*

MOLIK: A Vida. Em outras palavras, eu mesmo. Não sei dizer o que foi minha inspiração porque nada vinha do exterior. Veio simplesmente do aprender e experimentar. Comecei porque estava interessado nesse tipo de pesquisa, na voz. Mas sabia quase nada. Tinha apenas vontade de fazer isso e a área me interessava. Eu cheguei ao meu conhecimento passo a passo, mas não sei de onde veio, porque não era possível conseguir nada dos livros, de nenhum livro. Quando li alguns livros sobre a voz, sempre me faziam rir. Não é possível dizer, por exemplo, "faça isso com a laringe e faça um tipo de 'la...la...' usando os dentes". Não. A voz é uma coisa complexa, muito complexa. O corpo inteiro deve estar engajado e só você pode saber como distribuir alguns diferentes fatores, quanta energia utilizar, quanta sutileza, quanta vibração, e assim por diante.

CAMPO: *E a sua formação?*

MOLIK: Tive bons professores na Academia de Teatro de Varsóvia, que na época era conhecida como National Higher School of Theatre. Agora é conhecida como Academia de Teatro. Não me recordo do que aprendi lá, porque infelizmente, quando me deparei comigo mesmo no palco, em um palco de verdade e não em um palco escolar, foi diferente. Na verdade, no último ano, fizemos algumas apresentações, já estávamos nos apresentando antes de deixar a escola, mas eram circunstâncias diferentes, não em um palco, mas no grande salão de palestras da nossa escola. Quando me percebi no palco, estava com muitos problemas de fala e dicção. Eu não sei por que, já que posso afirmar que era um ótimo aluno. Devo dizer que sempre tirei notas altíssimas e conseguia as melhores bolsas, eu era o soberano do momento. Aconteceu por causa da falta de fôlego. As únicas lições sobre voz que tínhamos eram apenas uma frase repetida em uma escala, da nota mais baixa para a mais alta. Absolutamente nada sobre a respiração. Em seguida, só podia falar durante o período em que eu era capaz de cantar a frase que repetíamos durante o exercício e, depois, era necessário inspirar mais uma vez e então tinha problemas simplesmente para falar. Em seguida, uma colega, uma moça, uma linda moça me ajudou, já que ela tinha algumas ideias a respeito da voz porque sua mãe era cantora, uma professora de canto. Então ela me deu algumas ideias e me explicou em poucos minutos como eu deveria respirar. Depois disso, não tive mais aulas sobre voz. Mas essa foi uma boa lição para mim. Fez com que eu me interessasse por este assunto, a voz, e daí quando começamos nosso teatro com Grotowski, eu já era um tipo de especialista para os outros, sim. Comecei a trabalhar a voz com todo mundo. Sim, esta é a verdade.

CAMPO: *Eram todos tão jovens.*

MOLIK: Sim, sim. Eles precisavam de algumas aulas. Não muitas aulas, mas precisavam trabalhar a voz, sim. Então, durante meio ano fui um professor de voz para os outros. Com Cieslak foi muito interessante porque ele não conseguia fazer nada, sua laringe estava completamente fechada. E isso é visível no filme.[4] Ele faz este "Ahh" com tom muito baixo, totalmente bloqueado.

---

[4] *Theatre Laboratorium* (*List z Opolo*, [Uma Carta de Opole]). Produzido por P. W. S. Tif. Lódz, 1963. Diploma Film. Dirigido por Michael Elster. Este foi o primeiro filme do treinamento físico e vocal de Opole, fragmentos da apresentação do *Fausto*.

Assim: "Ahh". E meu primeiro trabalho foi com ele. Foi simples; pedi que ele se deitasse no chão e fiz com que ele levantasse a parte mediana do corpo, se equilibrando nos pés e na cabeça. Desta maneira, você conquista organicamente uma laringe aberta. E apenas fazendo isso eu o fiz mudar, porque ele tinha o mau hábito de falar que usava para tudo e sempre com a laringe fechada. Quando ele tentou dizer algo oficialmente, não particularmente, ele fez este "Ahh" sem voz. Depois não, era o suficiente. Após uma semana, ele estava bem.

CAMPO: *Uma semana.*

MOLIK: Uma semana, sim. Talvez dez dias. Mas ele era durão, desde o princípio. Fez durante uma hora, uma hora inteira, assim, "Ahh...Ahh..." e assim por diante, até se abrir. Mas, talvez eu não deva trair segredos. Mas, não, estas coisas são normais.

Segundo dia

TÉCNICAS | "CANTE A SUA VIDA" | PROFESSORES E MESTRES | GROTOWSKI E A COMPANHIA

CAMPO: *Gostaria de saber alguma coisa sobre a técnica de atingir o cansaço físico, a utilização da "fatigue"[1] para conquistar os resultados almejados e se existe uma maneira específica de trabalhar com ela para libertar os impulsos.*

MOLIK: Sim, "la fatigue", quando você está muito cansado. Esse não é o meu método, foi o método de Grotowski. Sim, às vezes ele nos levava à exaustão.

---

[1] Mantive alguns dos termos franceses que utilizamos ao longo de nossas conversas para preservar a quantidade necessária de precisão em seus significados. A segunda língua de Grotowski e Molik era o francês e alguns termos técnicos utilizados foram cunhados em francês.

CAMPO: *Você passou grande parte de sua vida trabalhando com Grotowski. Gostaria de saber se você deseja falar acerca disso ou sobre como esse trabalho afetou a sua própria vida e trabalho.*

MOLIK: Não, nada em particular. Prefiro não falar.

CAMPO: *E o trabalho que você fez com o grupo com a ioga?*

MOLIK: Nada. Não nos exercitamos com ioga. Usei apenas uma parte física, apenas a Serpente, que posteriormente coloquei no meu "Alfabeto do Corpo". Você sabe o que é a Serpente?

CAMPO: *Você está falando da energia da Kundalini, que supostamente habita a base da coluna?*

MOLIK: Não, quero dizer a cobra, a posição. É a única coisa que utilizo da ioga.

CAMPO: *E os exercícios plásticos, conhecidos também como "plastiques"?*

MOLIK: Utilizo muito esses exercícios. Parte do meu "Alfabeto do Corpo" se baseia nos exercícios plásticos.

CAMPO: *Mas você não criou estas formas?*

MOLIK: Na verdade, não. Peguei alguns [exercícios] de um cara que foi o primeiro a praticar, o torcer dos braços, por exemplo, e assim por diante.

CAMPO: *Alguns foram aproveitados dos exercícios rítmicos do Dalcroze e também dos estudos de Delsarte sobre o corpo tripartido do ser humano.*

MOLIK: Sim, alguns certamente estão no meu "Alfabeto do Corpo".

CAMPO: *Grotowski também fala de algo inspirado no trabalho de Charles Dullin. Quando penso em Dullin, lembro da sua extraordinária habilidade de criar uma boa integração no grupo. Também o seu trabalho no grupo, Zygmunt, era muito peculiar. Não era como nenhum outro modo profissional, institucional ou normal de se trabalhar. Quero dizer "normal" no sentido do que as instituições querem e solicitam de seus profissionais. Você construiu essa companhia em que todos os integrantes trabalharam juntos o tempo todo e criaram algo muito estável, algumas relações bastante estáveis. Você acha que trabalhar com os outros e não apenas com o diretor ou com um único parceiro, mas como um grupo inteiro, pode afetar a maneira de se trabalhar?*

MOLIK: Para falar a verdade, não sei. Não tenho nenhuma resposta para isso porque essa maneira de trabalhar parece muito natural para mim após tantos anos de trabalho em grupo.

CAMPO: *Sobre atuação profissional agora: o quanto se trata de imitação de um mestre ou de um professor e o quanto se trata de invenção? Qual seria o equilíbrio ideal destas diferentes abordagens? Qual é o momento certo para uma forte individualidade? Ou, quando a forma é repetida, uma forma externa criada por outra pessoa, como é que isso pode ser criativo no momento certo? Como é que você se sente como um mestre quando você tem alunos que o seguem?*

MOLIK: Para ser mais concreto, direi a você o que faço com os alunos. Dou grande liberdade a todos porque as pessoas são diferentes; alguns já são treinados, alguns estão muito verdes. Então concedo liberdade a todos, alguém pode realizar exatamente o que estou propondo e outro aborda o exercício muito sutilmente. E aceito isso também. Ambas são boas maneiras de deixar a criatividade fluir, dependem das pessoas e das suas experiências.

CAMPO: *Grande parte das formas do Extremo Oriente, por exemplo, contém um vocabulário de ações que já está estabelecido e um bom ator é aquele capaz de repeti-lo com perfeição. No entanto, não se pode dizer que não são criativos, porque encontram liberdade dentro das formas, acompanhando-as e imitando-as. É claro que a sua experiência foi diferente, mas me pergunto se já aconteceu de uma pessoa encontrar uma forma que o diretor ou você tenham dito, "sim, esta é a forma que quero seguir" e, então, o repetiram-na. Talvez nunca tenha acontecido isso de você repetir a forma de uma outra pessoa, e que tenha sempre criado suas próprias formas. Obviamente, na sua companhia, com a sua linha de trabalho, você tem que seguir a partitura física e, em algumas ocasiões, como em* Akropolis, *segui-la em todos os detalhes. O que você pensa sobre isso? Isto é relevante para artistas como eu. Por exemplo, quando trabalho como ator de comédia, em algumas reinvenções da* commedia dell'arte, *isso muitas vezes significa simplesmente seguir formas que foram criadas por outra pessoa, formas de pantomima dos séculos dezenove e vinte. Eu as utilizo porque funcionam, mas há criatividade nisso? Ainda me pergunto.*

MOLIK: Depende. Voltarei a um exemplo do meu trabalho com os alunos. Às vezes, peço que eles repitam as ações com total exatidão, por mais que, falando de modo geral, eu não tolere este tipo de imitação.

O fato é que a ação deve ser plena, mas também feita de forma limpa. Mas fora isso, deixo todos bastante livres. Se eles realizam as ações do "Alfabeto do Corpo", devem realizá-las direito. A ação deve ser realizada de forma limpa. Sempre enfatizo: "Não faça uma meia-ação". Por exemplo, se digo: "Toque o céu", deve ser realmente como se ele quisesse tocar o céu, como se ele desejasse fazer isso, alongando seus braços totalmente, não apenas um "puf, puf" de lentos meio-movimentos braçais.

CAMPO: *E como é que você trabalha com a imaginação?*

MOLIK: Isso cabe a cada um. É muito importante ter imaginação, senão o que seria? Seria apenas a repetição de algumas ações. É claro que quero dizer que o uso da imaginação é para buscar a verdadeira Vida com ações verdadeiras, então não é que a pessoa está completamente livre fazendo qualquer ação. Todos devem estar completamente livres, com a imaginação fluindo para estimular um processo criativo que evoque ações claras e limpas.

CAMPO: *No seu trabalho como ator profissional, imagino que você tenha lidado mais com memórias pessoais, mais do que com a imaginação.*

MOLIK: É uma coisa bem diferente, porque se alguém está explorando a sua vida (não chamo isso de imaginação), ele deve esquecer de todas as ações. Quando se adentra essa vida imaginária, deve-se ser como uma pessoa real. Essa vida imaginária deve ser, a partir do momento que se começa a vivê-la, a vida real. Não há mais imaginação, apenas vida real. A sua pessoa inteira deve se colocar presente nisso e o pensamento sobre as ações deve ser abandonado, as ações já devem estar no organismo. É isso que faz com que essa vida seja mais completa, não mais como a vida cotidiana de qualquer pessoa; deve ser feito plenamente, totalmente, como a ação específica é feita no treinamento. Quero dizer que o corpo deve estar tão bem treinado nessas ações que chamamos de treinamento, que, mais tarde, esse treinamento possa e deva ser completamente esquecido. O corpo lembra que deve ser mais vivo do que na vida cotidiana, deve ser algo especial, um tipo diferente de vida. A vida deve estar lá, mas não tão pequena como no cotidiano; a vida plena deve estar lá. Esta é a razão pela qual esse processo é realizado.

CAMPO: *Seguindo esse processo, algo que vem do nosso passado pode ser mostrado de forma nova e regenerada.*

MOLIK: Sim, podemos dizer isso.

CAMPO: *Você deve ter percebido que existem diferentes tipos de energia. A energia não é uma só: há níveis e qualidades diferentes de energia.*

MOLIK: Claro. Às vezes podemos fazer ações muito pequenas que emanam muita energia. Emanam simplesmente. Mesmo se você faz gestos pequenos, como movimentar lentamente a mão, que pode não exprimir nada, mas se o mesmo gesto é feito a partir da energia dos pés, o corpo como um todo é levado a adquirir uma presença especial. Passa pelo corpo todo a partir dos pés. Não é apenas "paf" "paf", um movimento vazio.

CAMPO: *Qual é o papel do ritmo na construção de uma ação? Existe um ritmo "real", como Stanislavski costumava dizer, um tempo-ritmo bom para uma pessoa e ação específicos?*

MOLIK: O ritmo no treinamento geralmente funciona desta maneira. Você pode trabalhar com ritmos diferentes e se o ritmo produzir um determinado efeito de leveza, trabalhamos muito levemente, mas com bastante energia. Isso significa que o corpo deve ser muito leve, mas a ação deve ser plena, deve ser precisa, mas muito leve e o ritmo deve ser bem rápido. Se você desacelerar, a energia lida com um diferente tipo de peso e tudo deve ser feito vagarosamente, o ritmo desacelera. Nós também fazemos um tipo de treinamento de preparo, ir ao fundo do mar, por exemplo. Tudo é bem lento, enfrenta-se grande resistência da água nas profundezas do oceano, depois tudo é bem diferente. Então é normal, é natural que o movimento seja influenciado pelas circunstâncias em que você se encontra. Se você estiver, por exemplo, no meio de um prado ensolarado, você deve ser leve; você realiza a mesma ação do mesmo modo que uma borboleta. O ritmo depende das circunstâncias em que você se encontra.

CAMPO: *Então existe um momento em que você pode dizer algo, por exemplo, quando um aluno age de forma incorreta e você pode ver que o ritmo não está funcionando? Não é apenas uma interpretação pessoal do ritmo. Existe algo muito real que você é capaz de enxergar. Existe um momento em que sentimos que o ritmo está certo.*

MOLIK: Claro que o ritmo é um fator decisivo. Sim, você pode ver e intervir.

CAMPO: *Então às vezes você encontra algo que é correto objetivamente ou você sente, busca e acaba encontrando. Ao pensar sobre este tema do tempo-ritmo certo, estava me perguntando se está conectado com as intenções interiores da construção de uma personagem ou quando estamos imitando alguma forma fixa como na commedia dell'arte, em que alguns dos papéis antigos e já estabelecidos condensam grande parte da humanidade em uma única forma. Alguns papéis tradicionais podem explicar a natureza, o caráter de certos seres humanos e esta síntese parece objetiva e intercultural. Estou me perguntando se existe uma maneira de retomar uma memória que não é apenas nossa memória pessoal e sim algo que nos precede, que é mais antigo do que nós, que talvez resulte no chamado "arquétipo". É algo que você tenta encontrar quando trabalha com estas tentativas de descobrir a Vida neste padrão de ações?*

MOLIK: Acredito que é uma das coisas fundamentais.

CAMPO: *Você costuma utilizar um cântico específico ou alguma música específica para revelar estes arquétipos? Vejo que este método se tornou muito comum no teatro atualmente.*

MOLIK: Eu não faço. Não é desta maneira que tento chegar na essência.

CAMPO: *Mas você busca algum tipo de vibração na voz?*

MOLIK: Às vezes, sim.

CAMPO: *Considerando que o trabalho de cada indivíduo é sempre singular, onde você encontra o canto e a voz de cada um?*

MOLIK: Muitas vezes no eco presente na sala. Se eu disser: "Cante a sua Vida", ele deve encontrar. Primeiro ele oferece um som e daí ouve alguma ressonância e aí ele sabe, ele deve saber, ele tem que saber como encontrar outros tons a partir dessa ressonância porque sempre existe alguns. Muito simplesmente, sim, sempre existem alguns tons que você pode ouvir no espaço, a ressonância, você deve encontrá-los e, com isso, com o que você ouvir, você deve improvisar a sua música.

CAMPO: *O espaço contém algo que você deve encontrar.*

MOLIK: Sim.

CAMPO: *Qual é a diferença de trabalhar com pessoas de diferentes nacionalidades e lugares? Já que estamos tratando de essência, no fundo todo mundo tem a mesma essência, mas existem algumas diferenças.*

MOLIK: Acho que as diferenças entre os organismos humanos individuais não são tão grandes, então é mais ou menos a mesma coisa em todos os países. Existem apenas diferenças individuais. É claro que existem diferenças. Não trabalho frequentemente com pessoas de outras raças, deve ser um pouco diferente, talvez não, de qualquer maneira teria que me adaptar a elas. Tive que me adaptar quando trabalhei com japoneses e um indiano, mas foi apenas um menino indiano em um grupo e uma ou duas meninas japonesas no outro. Raramente trabalhei com pessoas negras, às vezes tinha uma mulher negra, mas apenas uma. Nestes casos, tive que me adaptar à consistência deste organismo e daí pude seguir sua voz inata. Não tentei mudá-los, mas segui as possibilidades oferecidas.

CAMPO: *Para que encontrassem as suas próprias vozes.*

MOLIK: Sim.

CAMPO: *Posso afirmar que convivi longamente com chineses e continuo muito bem impressionado com a minha visita à China. Lá, milhões de pessoas praticam diariamente algumas formas simples, os exercícios taoistas para saúde, que realmente auxiliam a adquirir um contato físico direto e energético com o mundo externo. Eu mesmo pratiquei durante um longo tempo a arte de Taijiquan, que tive a sorte de aprender diretamente de Li Rong Mei, um grande mestre chinês. Estas experiências influenciaram intensamente na minha prática teatral, apesar de não estarem imediatamente relacionadas ao teatro. Esta habilidade de criar um contato direto, consciente e orgânico entre a mente e o corpo, o mundo individual e o externo, está perdida no Ocidente. É por isso que as pessoas estão tão interessadas em experimentar qualquer coisa que as auxilie na retomada desta conexão. No fim, todos os seres humanos precisam encarar o mesmo grande problema: nossas mentes querem correr o tempo todo, em qualquer direção possível ou impossível e, por outro lado, nossos corpos tendem a se movimentar o mínimo possível. O resultado é desastroso e outras culturas, oriundas principalmente do Extremo Oriente, parecem bem mais cientes disso do que a nossa. Qual é a sua abordagem para os textos orientais, por exemplo, Sakuntala, o clássico texto indiano de Kalidasa, encenado por você em 1960, ou de algo proveniente de outra cultura?*

MOLIK: Outras culturas ou outras línguas? Porque não é a mesma coisa. Vou lhe dar um exemplo de um trabalho que fiz com algumas pessoas holandesas. Eles trabalharam com os grandes monólogos de *Ricardo III*. Estipulei uma tarefa que todos cumpriram: memorizar os grandes monólogos de *Ricardo III*. Todos trouxeram um monólogo. Eles decoraram o texto em holandês e não pude entender absolutamente nada, porque as palavras não importavam naquele momento. Eu pedi primeiramente que encontrassem a Vida e que cantassem esta Vida com a voz aberta e depois com a mesma voz (que já estava repleta de sentimentos porque estava conectada com a vida de cada um deles), com esta voz pedi que eles colocassem as palavras. Eles entoavam os monólogos, os longos monólogos de *Ricardo III*. Não falo do primeiro, que é bem curto, e sim dos posteriores, bem mais compridos. Eu não conhecia uma palavra sequer da língua deles. Contudo, trabalhei com eles porque o significado das palavras não é importante. O que importa é a Vida conferida, a Vida que a pessoa traz à tona com estas palavras. O som, os sentimentos que este som desperta, a cor deste som, o ritmo. O significado das palavras não é problema meu. Em algum momento, o problema deles será tornar aquilo tudo compreensível. Simplesmente não me importa a minha falta de compreensão do que está sendo dito. Pergunto, depois da primeira tentativa, se conseguiram apreender o sentido do texto. Se sim, ok. Se não, teremos que repetir, fazer mais, tentar articular melhor, tornar esta Vida mais limpa, mais compreensível.

CAMPO: *Você usou um processo semelhante em* O Princípe Constante *e em* Akropolis?

MOLIK: Em *Akropolis* era algo diferente, mas em *O Príncipe Constante* já era assim.

CAMPO: *O Príncipe Constante é, de certa maneira, uma única e longa canção. Uma espécie de música, mas as letras são muito precisas e muito importantes ao mesmo tempo.*

MOLIK: Eu disse que foi diferente porque o som em *Akropolis* era uma composição, assim como as ações físicas e todos os outros elementos do espetáculo. Era uma composição complexa com música. A fonte do som não era orgânica de imediato, como em *O Príncipe Constante*. Em *Akropolis,* tudo era uma composição; e eu ainda sou capaz de cantar alguns exemplos. Este modo de falar era uma composição e, na última parte – quando eu estava sentando com alguns outros atores – era simplesmente como uma música, como um hino, era uma composição que podia ser colocada em notas.

CAMPO: *Os atores criaram as suas próprias músicas ou havia algo a ser seguido?*

MOLIK: Grande parte dos atores estava seguindo algo, uma composição feita por um músico; uma composição musical da fala. O ritmo também era importante; algo com falas altas e rápidas, algo muito lento, com pausas, "po-pom/poom/po-pom/poom." Em *Akropolis*, todos os elementos, todas as partituras físicas e vocais e todo o resto foi preparado dessa maneira. Tudo era uma composição.

CAMPO: *Fiquei impressionado quando ouvi você relatando que você tinha que fazer um número inacreditável de ensaios do* Akropolis. *Você teve que repeti-los todos os dias durante um longo tempo, por conta das demandas do seu trabalho.*

MOLIK: Ensaiamos durante apenas três meses, mas ensaiávamos duas vezes por dia. Não em tempo integral, mas nas últimas duas semanas tivemos que ensaiar duas vezes por dia.

CAMPO: *E quantas foram as vezes que você teve que mostrar o trabalho?*

MOLIK: Mais de cem. Isso foi em 1962, em Opole e Wroclaw. Depois passamos a encená-la em todo lugar. Foram oito anos de apresentações, de 1962 a 1970.

CAMPO: *Considerando o número imenso de ensaios e o tipo de trabalho que vocês faziam, que deveria ser preciso e idêntico a cada vez, como é que você podia continuar encontrando a Vida e não se tornar mecânico? Este é um problema clássico do ator. Como você resolveu este problema?*

MOLIK: Nunca pode ser o mesmo. Depende do dia, do tempo, dos seus próprios sentimentos e assim por diante. Nunca foi o mesmo, nunca é o mesmo.

CAMPO: *Grotowski estava presente em grande parte das apresentações. Ele costumava dizer que quando ele ouvia, quando ele sentia que a apresentação estava morta, ele a cancelava, parava de apresentá-la.*

MOLIK: Não me lembro destes episódios, mas talvez ele cancelasse as apresentações e nós não soubéssemos o porquê. Se ele disse isso, sim, é possível.

CAMPO: *Você criou as suas próprias técnicas, sempre preservou a liberdade dos artistas e também de seus alunos, e trabalhou diretamente com a energia encontrada no meio ambiente e em outros locais de trabalho, e você ainda faz isso. Qual é o papel da tradição e do passado? Você sente alguma conexão com a tradição?*

MOLIK: Para mim, posso dizer que a tradição é *res sacra*. Estas são as minhas palavras, não sei o que mais posso dizer.

CAMPO: *E a transmissão do conhecimento?*

MOLIK: O conhecimento de quem?

CAMPO: *O seu conhecimento, por exemplo.*

MOLIK: O meu conhecimento. Quando começo um novo trabalho, não uso conhecimento algum.

CAMPO: *Você acha que textos podem transmitir algum conhecimento?*

MOLIK: Não, diria que não. Para mim, um texto é sempre apenas um texto, sim, você deve lidar com ele, porém não dá para apreender muita coisa ali. "Palavras, palavras, palavras", como Shakespeare disse e, para mim, é o mesmo, nada a mais, nada a menos. O que é importante é o que você dá e traz para o texto e você deve colocar nisso toda a sua vida. O que estou dizendo é importante, você deve dar e trazer para o texto toda a sua vida, toda sua experiência, toda a tradição, todos os seus sofrimentos, todas as suas alegrias, tudo! Você deve colocar o seu ser verdadeiro no texto e aí sim, ele pode se tornar realmente vivo. Uma vez assisti a uma apresentação do *Hamlet* desempenhado por um ator conhecido, *renommé*, eu estava em um bom e antigo teatro na Cracóvia. Não entendi uma frase sequer do que o ator disse, nada, porque era tão vazio; havia exatamente isso, "palavras, palavras, palavras", e ele era o chamado "bom ator", um muito "bom ator", professor na Escola de Teatro. Eu não sei como ele fazia aquilo. Eu não entendi uma frase sequer, nada. Eu estava surdo, tudo era tão o vazio. Eu podia ouvir os outros, sim, mas ele não. Huf! E por esse motivo ele era um gênio!

CAMPO: *Muitas pessoas que assistiram aos filmes das apresentações do Teatro Laboratório querem saber o significado do texto e me pedem para por favor explicar o texto. Essa atitude denota que acreditam que se não seguirem o texto perderão a essência da apresentação. Eu digo a eles que o que é realmente importante é que eles tentem apreender o máximo possível das imagens e do som, mas só querem saber das palavras. Muitas pessoas cresceram assistindo aos vídeos das apresentações de Grotowski sem serem capazes de entender uma única palavra do texto e mesmo com a qualidade ruim das imagens, a experiência não era afetada. Ao contrário, esses vídeos nos fascinavam. Agora temos uma nova e linda versão do filme do* Príncipe Constante, *restaurado digitalmente com legendas em diferentes línguas, incluindo o polonês, porque até mesmo para os poloneses não é fácil seguir o texto, as ações, as emoções, etc. quando tudo está acontecendo tão rapidamente. Mas agora, com essa edição, preciso dizer que é muito interessante ser capaz de entender o significado das palavras.*[2]

---

[2] Esse filme, produção e curadoria de Ferruccio Marotti e Luisa Tinti da Universidade de Roma "La Sapienza", ainda não está disponível no mercado.

MOLIK: Claro, isso é absolutamente necessário para ser compreendido. Ter um texto claro, mas sem Vida, ele não significa nada. Você deveria assistir ao Arnold Schwarzenegger em tcheco; é tão engraçado para nós, você não imagina o quanto.

CAMPO: *Estava pensando também em outros tipos de texto, não apenas textos literários e dramáticos que você pode utilizar diretamente como um artista, e sim textos de Stanislavski acerca da sua própria vida, trabalho e pesquisa ou, para permanecer estritamente no campo teatral, textos como* Em Busca de um Teatro Pobre[3] *ou* O Teatro e seu Duplo,[4] *que são visionários. Textos realizados pelos mestres, escritos por quem basicamente queria transmitir a sua experiência (que pode vir a se tornar conhecimento) de forma que o leitor possa teoricamente apreender algo do autor. O que você acha destes textos? Funcionam da mesma maneira que as escrituras sagradas, em que o texto em si é algo que supostamente constitui algum conhecimento, independente do assunto abordado, de quando foi escrito e em que tipo de sociedade ou cultura.*

MOLIK: Neste caso, o texto é muito importante. Às vezes pode ser desta maneira ou o inverso. Há vezes em que o texto não é importante, é apenas relativamente importante e em outras ocasiões o texto em si é muito importante e o resto não é. Depende do contexto, é

---

[3] Jerzy Grotowski, *Towards a Poor Theatre*, Londres: Methuen, 1973. Tradução brasileira de Aldomar Conrado, *Em Busca de um Teatro Pobre*, Rio de Janeiro: Civilização Brasileira, 1987.

[4] Antonin Artaud, *The Theatre and Its Double*, Nova York: Grove Press, 1958. Tradução brasileira de Teixeira Coelho, *O Teatro e Seu Duplo*, 3ª ed., São Paulo: Martins Fontes, 2006.

claro. Quero dizer, de certa maneira, o texto é sempre importante, mas, às vezes, a Vida é mais.

CAMPO: *Você conhece outros métodos de transmitir o conhecimento?*

MOLIK: Fora as palavras? Claro, a pantomima,[5] por exemplo, ou um certo tipo de canto.

CAMPO: *Como é que a experiência real da vida real passa de um indivíduo para o outro?*

MOLIK: Existem maneiras, mas o texto certamente não é o único. Muitas vezes é um dos fatores principais, mas não sempre.

CAMPO: *Por mais que você tenha tido bons professores, você diria que aprendeu tudo sozinho quando começou e que você era, de certa maneira, autodidata?*

MOLIK: Eu acho que sim.

CAMPO: *É claro que você conheceu muitos bons atores e talvez até alguns mestres verdadeiros, mas certamente alguns artistas muito bons. Você aprendeu alguma coisa importante com sua experiência com esses praticantes?*

MOLIK: Bom, alguns certamente foram uma espécie de inspiração, mas apenas isso. Se acontecia de ver ou ouvir alguns bons atores, certamente você se perguntava, "O que posso aprender de bom com eles?". Certamente, existiam casos assim, contudo não me lembro deles.

---

[5] Molik refere-se à pantomima continental europeia, teatro constituído apenas por gestos. Em português, geralmente é traduzido como "mímica".

CAMPO: *Qual foi o papel de Zavatsky, o professor que continuou o trabalho de Stanislavski e Vakhtangov, e com quem Grotowski estudou? Teve alguma coisa que chegou indiretamente em você da tradição de Stanislavski através de Zavatsky? Ou esta tradição foi apenas um dos recursos que você utilizou? Esta ideia de linhagem sempre esteve presente na mente de Grotowski: talvez este seja um dos motivos que fez com que ele fosse estudar em Moscou.*

MOLIK: Acho que posso dar um exemplo: um pouco antes de deixar a escola de teatro, um professor me disse que não é importante o que você aprendeu na escola, mas é importante com quem você frequentou a escola.
As pessoas com que você lidou, teve contato e que te influenciaram. Esta é a coisa mais importante, não o quanto alguém ensinou alguma coisa.

CAMPO: *Talvez aqueles que colocaram questões, problemáticas, que te fizeram pensar.*

MOLIK: As influências foram importantes. Por exemplo, na escola de teatro tinham duas pessoas que me influenciaram, que foram mestres. Mais tarde na vida tive um único mestre, que foi Grotowski, bem simplesmente. Preciso dizer isso porque é verdade.

CAMPO: *E Artaud?*

MOLIK: Já estávamos na década de 1960 quando encontrei um artigo sobre Artaud em alguma resenha. Mostrei para Flaszen e Grotowski, que começaram a se interessar por ele. Nunca tinham ouvido falar dele antes deste episódio.

CAMPO: *Por que é que você decidiu entrar em uma escola de teatro?*

MOLIK: Sentia-me perdido. Não sabia o que fazer comigo mesmo.

CAMPO: *Você era jovem.*

MOLIK: Jovem, sim, mas não tão jovem, de fato foi após três tentativas de estudo. Tentei duas vezes a minha sorte na Academia de Física e na Escola de Direito. Tenho histórico escolar desta época, antes de entrar na Academia de Teatro. Tentei, mas não dava conta de terminar.

CAMPO: *Não era permitido que você entrasse na escola ou você não conseguia dar continuidade aos estudos?*

MOLIK: Não conseguia dar continuidade. Entrava com facilidade, passava facilmente nos exames, até mesmo nas segundas tentativas. Tive alguns problemas porque havia perdido um ano e tentava completar o primeiro ano novamente e não era fácil, mas eu dava conta. Não era porque era indolente, era porque eu estava buscando algo que realmente pudesse me envolver, algo que pudesse ser realmente interessante para mim. Não tinha paciência com direito; gostava muito, mas não tinha paciência.

CAMPO: *Você não era apaixonado pelo teatro antes deste período?*

MOLIK: Não, foi algo concreto que aconteceu. Conheci uma amiga minha em uma época em que me sentia perdido. Ela me disse que um novo departamento estava se abrindo, uma Escola de Teatro em Varsóvia.

Terminei meu serviço militar após dois anos e fui fazer meu exame ainda com o uniforme do exército, e passei. Fui aceito e, quando comecei, foi por acaso que ela me contou da escola, foi por acaso que eu a conheci antes de fazer meu serviço militar, porque na época me sentia completamente perdido após três tentativas de estudo.

CAMPO: *Você tinha que prestar serviço militar, ou foi uma escolha sua?*

MOLIK: Não tinha, e sim, foi escolha minha; quando recebi o convite, aceitei. Ainda me lembro do capitão Leopold Kozlowsky, que precisava de um *conférencier*. Ele me tirou do exército após três meses (e, durante este período, constatei que estava disposto a ficar) e me trouxe para o seu coral. Passei quase dois anos com este grupo pertencente ao exército polonês. Ele tinha que me tolerar porque ninguém mais sabia pronunciar seu nome.

CAMPO: *Quantos anos você tinha?*

MOLIK: Eu tinha 21.

CAMPO: *E por que isso aconteceu? Você já estava cantando? Por que ele te escolheu?*

MOLIK: Depois da minha decisão de não recusar o chamado do exército, prestei o serviço militar compulsório. Durante os primeiros três meses, tinha que ser um soldado verdadeiro, um *Rekrut*; os primeiros meses são um período muito difícil. Depois, ao invés de servir regularmente os dois anos de serviço, minha mãe abordou o capitão Kozlowsky, informando-o do artista talentoso que se encontrava no exército. Eu já era um artista porque, antes de entrar no exército, trabalhei durante um ano em uma agência artística como *récitateur,* uma pessoa que recita poemas e era assim que ganhava meu pão. Comecei a trabalhar com vinte anos, já como uma espécie de ator, sem nenhum conhecimento do trabalho de ator. E foi assim que comecei a trabalhar no teatro. Um colega me ensinou um poema e com este poema fui até uma agência que precisava de novas pessoas que soubessem recitar poemas. Iniciei nas ruas e viajava bastante. Fui até as regiões do extremo leste da Polônia para recitar alguns poemas muito populares sobre as difíceis condições de vida. Pessoas de pequenos vilarejos choravam e choravam quando eu dizia todas aquelas palavras comoventes. Eram pessoas muito simples. Minha missão na época era, com um grupo pequeno de cinco pessoas, um tocador de acordeão, outro músico e dois cantores, um tenor e um soprano, reunir as pessoas destes pequenos vilarejos para construir a Nowa Huta, uma nova e grande fábrica de aço, perto de Cracóvia. Era uma grande fábrica de aço, um grande empreendimento. Precisavam de pessoas porque não tinham o número adequado de trabalhadores. Então contrataram esta agência artística chamada Aktors em que eu já estava trabalhando esporadicamente, e a agência nos mandou para mobilizarmos as pessoas para trabalharem na Nowa Huta, que significa Nova Metalurgia. Então, basicamente, fizemos apresentações para criar publicidade para as pessoas trabalharem nesta grande fábrica, ao lado de Cracóvia. Foi assim que comecei minha carreira artística e, por conviver com músicos e cantores, passei a me interessar pela voz e assim por diante. Não fui garçom antes de ser artista, porque normalmente as pessoas começam como garçons em Hollywood. Nunca fui garçom. Fui assistente de caminhoneiro quando decidi entrar na escola de teatro. Era meu trabalho, ajudar o motorista de um grande caminhão. Não é engraçado?

CAMPO: *Quando estava no exército você estava cantando no coro também?*

MOLIK: Não muito; eu era o *conférencier*. Tem uma história engraçada com isso: uma vez o chefe da orquestra me escolheu para fazer parte do coro que era grande, com muitas pessoas. Nunca fui um ator tão brilhante quanto naquele momento. Meu exame foi fantástico. Fracassei em cada nota. Cantei todas as notas de forma perfeitamente falsa.

CAMPO: *Você fez isso espontaneamente, porque não tinha preparação específica.*

MOLIK: Não, fiz de propósito para não ser incluído no coro.

CAMPO: *Deixa eu entender; você cantou todas as notas erroneamente porque você não queria cantar no coro?*

MOLIK: Sim, ao invés de um "ah" limpo, fiz assim: "aha/aha/aha", com uma espécie de *tremolo*. Fiz um show como nunca tinha feito.

CAMPO: *Mas por que você não queria fazer parte do coro?*

MOLIK: Porque não queria me ocupar com os ensaios durante quatro horas do meu dia. Era um momento em que eu podia deitar no sofá, tocar violão e cantar as musiquinhas que eu queria e ler o jornal ou livros.

CAMPO: *Histórias engraçadas. Você gostaria de recordar algo da sua família e dos seus pais? O tipo de família, os seus sentimentos em relação a ela durante a sua infância, o tipo de ambiente em que você foi criado?*

MOLIK: Claro. Lembro de amar a minha mãe, meu pai e a minha irmã, que ainda está viva. Éramos uma família normal, simples, com algumas raízes, então contarei a origem do nome Molik. Meu pai, meu avô e meu bisavô nasceram em um pequeno vilarejo não muito longe de Cracóvia. Quando Napoleão estava voltando de Moscou, ele estava acompanhado de um violinista, cujo nome era Henry Molique. O violinista feriu-se ou quebrou a perna e teve que permanecer lá, no vilarejo da minha família, durante um certo período de tempo. Ele gostava do lugar e, quando já estava se sentindo melhor, conheceu uma moça polonesa, e casou-se com ela, e foi dessa maneira que minha família foi criada. Esta é a minha história. Li um livro sobre música e é um fato que este cara existiu. Seu nome era Henry Molique e estava com Napoleão em Moscou. Portanto, pode ter acontecido dele se adoentar e parar nessa pequena parte do interior polonês, que não é um vilarejo, apenas um pequeno reduto de camponeses.

CAMPO: *E continuou sendo um reduto de camponeses.*

MOLIK: Sim, ainda existe um pequeno vilarejo, muito pequeno, com menos de quinze casas.

CAMPO: *Vocês eram uma família de trabalhadores?*

MOLIK: Não, de camponeses. Meu pai saiu de lá e veio para Cracóvia. Minha mãe também veio do extremo leste do nosso país para Cracóvia, onde os dois se encontraram e viveram até o fim de suas vidas.

CAMPO: *Você cresceu em uma cidade e não no campo.*

MOLIK: Sim, estive em Cracóvia o tempo todo. Nasci em Cracóvia.

CAMPO: *Então você nunca teve este contato próximo com a natureza, este domínio dos camponeses, que poderia te ajudar.*

MOLIK: Tive algum contato porque quando era pequeno, eu costumava visitar meus avós nesse lugarejo. Fica a trinta quilômetros de Cracóvia e eu os visitava muito quando estavam vivos.

CAMPO: *Em uma fotografia famosa, você é visto tocando violino. Foi tirada durante os ensaios de* Akropolis. *Você realmente aprendeu a tocar o violino apenas para* Akropolis?

MOLIK: Sim. Mas primeiro toquei violão, quando estava no exército.

CAMPO: *Então você estudou música.*

MOLIK: Não, estudei por prazer. Tentei apenas aprender e tocar sozinho. Estudei história da música tempos depois, já na escola de teatro. Então sabia alguma coisa sobre música.

CAMPO: *E para* Akropolis *você fez a mesma coisa, sozinho, sem um professor?*

MOLIK: Sim, aprendi sozinho. Conhecia três ou quatro melodias e aprendi como tocar. Uma era o "Tango Milonga", uma peça de música *folk* muito popular.

CAMPO: *Todos temas poloneses.*

MOLIK: Não, em *Akropolis* toquei uma parte de uma opereta.

CAMPO: *Isso foi porque você gostava de ópera e opereta.*

MOLIK: Sim, gostava muito. Além disso, tinha muito contato com isso, assistia a várias delas porque no grupo do exército tinha uma ópera ou uma opereta uma vez por semana.

CAMPO: *O que aconteceu depois da escola de teatro, qual foi o seu próximo trabalho?*

MOLIK: Depois foi normal, entrei no teatro. Primeiro em Lódz, onde existe uma famosa escola de cinema, e depois em Opole, um ano depois, onde Grotowski me achou porque ele estava estabelecendo um teatro lá, com Flaszen.

CAMPO: *Grotowski estava quase fora da escola.*

MOLIK: Sim, quase.

CAMPO: *Um ano depois de terminar a escola você foi para Opole.*

MOLIK: Sim, após um ano de trabalho no teatro em Lódz, fui para Opole.

CAMPO: *Você estava trabalhando no teatro institucional de lá.*

MOLIK: Sim. E Grotowski me encontrou porque nós nos conhecíamos do acampamento de verão das escolas de teatro.

CAMPO: *Como é que você lida com instituições? De certa forma, este sistema lhe deu a chance de trabalhar.*

MOLIK: Sim, não havia problema. Tinha muito trabalho depois da escola de teatro em Varsóvia, em muitos teatros da província. Em Varsóvia ou em Cracóvia, era difícil ser aceito diretamente depois da escola, mas em outras cidades você podia ser aceito normalmente, sem problemas.

CAMPO: *E depois, como é que você desenvolveu a sua relação com as instituições? O que aconteceu ao longo dos anos?*

MOLIK: Com a prática, uma vez que havia me conectado com Grotowski, passei o tempo todo com ele, até 1985, com exceção das férias que tirei depois de dois ou três anos de trabalho. Estava tão cansado que voltei para o teatro normal em Cracóvia. Estava fisicamente esgotado. Era um trabalho muito duro porque tinha que desempenhar os papéis principais o tempo todo. Foi só depois que chegaram Cynkutis e Cieslak para fazer estes papéis. Até aquele momento, eu era o único, praticamente o único profissional da companhia. Foi engraçado.

CAMPO: *Também vieram de escolas ou departamentos de teatro. Todos os atores eram mais ou menos profissionais quando começaram a trabalhar com Grotowski. Todos tinham formações teatrais diferentes.*

MOLIK: Não todos, mas Cynkutis e Cieslak, sim.

CAMPO: *Gostaria de saber mais sobre o relacionamento com as instituições. Eugenio Barba[6] contou um episódio sobre alguns problemas que vocês tiveram com o partido*

---

[6] Teórico, diretor e fundador da companhia Odin Teatret, sediada em Holstebro, Dinamarca. Antigo assistente e editor de Grotowski.

comunista: eles queriam fechar o teatro e você teve a ideia de entrar no partido para que eles não pudessem encerrar o grupo já que você seria filiado ao partido. Você se lembra desse episódio?

MOLIK: Sim, aconteceu. Lembro-me.

CAMPO: *Então você teve muitos problemas, principalmente no fim (talvez não tantos quando você era apenas de uma companhia teatral), mas certamente depois do período parateatral. Grotowski de fato resolveu ir embora porque não se sentia seguro. Tinha a lei marcial. Jairo Cuesta contou que o grupo do Teatro das Fontes durante aquele período teve que viver vários meses fechado no subsolo de um prédio em Wroclaw.[7] Apesar de tudo isso, qual é a sua visão geral do sistema ocidental naquela época e agora? Você acha que existem mais oportunidades do que antes, considerando principalmente o seu tipo de trabalho?*

MOLIK: Acho que existem menos possibilidades do que antes para fazer uma coisa tal como foi feita por Grotowski, porque a vida é tão mais comercializada. Tudo é comercializado. Naquela época não era tão fácil, mas era possível, entretanto não acredito que seja realmente possível criar uma companhia desse tipo e dar continuidade a ela.

CAMPO: *Você disse que Grotowski era um mestre para você.*

MOLIK: Sim, certo.

CAMPO: *Qual é a qualidade que permite a você afirmar: "Este é um mestre?". Quem é o mestre?*

---

[7] Em Rynek, agora escritório principal do Instituto Grotowski.

MOLIK: Alguém que inspira espiritualmente. Mas, profissionalmente, Grotowski não era meu mestre, porque eu já estava formado. Em um sentido espiritual, sim, porque ele era um mestre, um verdadeiro mestre. Eu entraria no fogo com ele.

CAMPO: *Vocês realmente confiavam um no outro.*

MOLIK: Sim, ele foi um verdadeiro mestre para mim. Mas meu ídolo era um homem chamado Kasimir Rudzki. Ele foi decano do departamento teatral da escola que eu frequentava. Era um homem fantástico. Era fantástico, sagaz, dono do melhor tipo de senso de humor. Era fantástico como professor e como ator, era um tipo muito particular. Como pessoa era grande, um grande homem, um lindo *conférencier* no cabaré, por exemplo, o melhor da nossa época.

CAMPO: *Era famoso.*

MOLIK: Sim, muito famoso.

CAMPO: *Era seu professor também?*

MOLIK: Sim, era meu professor. Seu modo de ensinar baseava-se em algo difícil de ser explicado. Ele costumava chegar e começava a falar, contando histórias sobre o que tinha acontecido com ele naquele dia ou no dia anterior, falando de uma a duas horas. Era tão interessante ouvi-lo que ficávamos atentos o tempo todo.

CAMPO: *Sobre o modo de ensinar, podemos dizer que mesmo você não possui um "método" próprio. Isso fica muito claro quando consideramos que a sua abordagem é semelhante à do xamã. Contudo, gostaria de saber se você poderia dar ainda alguma contribuição neste quesito, como se você fosse um professor passando indicações gerais para um artista imaginário. Em geral, como é que você acha que um jovem ator deve abordar a sua profissão e que técnicas devem ser confrontadas no começo de seu trabalho?*

MOLIK: Eu não acho que isto seja possível. Este modo de ensinar é tão individual, tão pessoal, que não sei como falar dele em linhas gerais. Como eu poderia?

CAMPO: *Você acha que as escolas de teatro são um bom ponto de partida?*

MOLIK: Sim, boas escolas de teatro podem ajudar com certeza, mas o que interessa é que existem poucas escolas desta estirpe.

CAMPO: *E os departamentos universitários de teatro? Existem tantos agora, muito mais do que antes, em todo o mundo.*

MOLIK: Sim, mas a grande maioria é inútil. No entanto preciso dizer que sim, alguns podem ajudar.

CAMPO: *E os mestres? Você acha que existem mestres agora a serem seguidos?*

MOLIK: É muito raro encontrar um mestre.

CAMPO: *E o que você acha de todas estas pessoas, milhares de pessoas que começaram a fazer teatro depois de ler um texto como* Em Busca de um Teatro Pobre, *por exemplo? Sem terem recebido qualquer tipo de treinamento de ator?*

MOLIK: Não, não acredito que isso seja possível. Não é um manual.

CAMPO: *Então, se na sua opinião existem poucas escolas de teatro boas e poucos departamentos de teatro e quase nenhum mestre, como subsiste a arte do ator?*

MOLIK: A tradição. Siga a tradição. Apenas isso. Todos trazem algo novo para a tradição e, dessa maneira, ela continua existindo. É muito simples. Não há mais nada a dizer.[8]

---

[8] É necessário esclarecer que a ideia de Molik de tradição relaciona-se preferivelmente com a pesquisa das origens de cada ser humano e não apenas com as raízes teatrais. Ele criou suas próprias técnicas e nunca se referiu a nenhum outro método, enquanto ainda alegava pertencer a uma tradição. Esta é uma abordagem específica revelada pela operação de maiêutica como a exploração do eu.

Terceiro dia

PARATEATRO | A VIDA ORGÂNICA E O PROCESSO | RYSZARD CIESLAK

CAMPO: *Hoje gostaria de falar sobre o Parateatro:[1] sua participação nessa aventura, como as ações parateatrais foram criadas e as metas do trabalho. Gostaria, primeiramente, de perguntar sobre a criação de uma ação parateatral.*

MOLIK: Ela cria a si mesma. Por exemplo, há quarenta ou cinquenta pessoas, geralmente era esse o caso, e essas pessoas chegam no estúdio. No início, ninguém sabe o que fazer. Então, havia sempre dois líderes do grupo,

---

[1] Para informações básicas sobre Parateatro, ver o Apêndice. Para uma compreensão mais extensa do fenômeno, ver J. Kumiega, *The Theatre of Grotowski*, Londres: Methuen, 1985.

mas muitas vezes depois acabava ficando só um. Eles mudavam porque a sessão dura doze ou vinte e quatro horas. Isso depende de quando e em quais circunstâncias o trabalho é realizado. Vamos supor que haja dois líderes e começamos apenas a caminhar e as pessoas começam a caminhar também e, de tempos em tempos, um de nós fica de cócoras e é assim que a Vida começa. Ninguém sabe o que está acontecendo, é simplesmente caminhar, sem saber o que fazer; mas, em um momento, em um determinado momento, todos iniciam a sua própria Vida. Isso quer dizer que um se interessa pelo que os outros estão fazendo. Alguém fica de cócoras e do outro lado outra pessoa responde com a mesma ação. É difícil dizer porque esse fenômeno é simplesmente o começo da Vida. De tempos em tempos, começamos a cantar e então as pessoas cantam conosco e, então, tudo fica silencioso novamente. Alguém está perseguindo alguém através do caminhar e outro está correndo. É simplesmente a Vida com essas pessoas, essas quarenta pessoas que começam as suas Vidas. É difícil descrever porque aparentemente elas não fazem nada. Contudo, elas começam a viver e isso é tudo.

CAMPO: *Quando você começou a ação você já tinha em mente alguns elementos simples, como correr, ficar de cócoras, cantar pelo menos? Vocês, os guias, sabiam o que fazer e o que iria acontecer?*

MOLIK: Juro que não. Era sempre apenas uma grande improvisação. Não existiam regras. Alguns de nós fazíamos algumas ações especiais, mas isso não era necessário. Muitas vezes era apenas caminhar e tentar apreender a Vida e experimentar com o contato entre uma coisa e outra. Era simples assim. É impossível descrever de outro jeito, pelo menos para mim. Eu não sei dizer o que estava fazendo porque muitas vezes estava fazendo absolutamente nada quando era líder. Às vezes tinha que despertar a energia, mas não sei dizer os meios através dos quais eu fazia isso.

CAMPO: *Mas havia algumas regras básicas, como o silêncio.*

MOLIK: Sim, tudo era realizado em silêncio a maior parte das vezes, sem fala alguma. Como já disse, às vezes iniciava-se uma cantoria, mas era apenas isso.

CAMPO: *Vocês vestiam alguma roupa em especial?*

MOLIK: Não, usávamos roupas casuais.

CAMPO: *Descalços.*

MOLIK: Todos estavam descalços, sem sapatos e sem meias.

CAMPO: *E com tempo marcado, duas horas ou mais.*

MOLIK: Começamos com vinte e quatro horas.

CAMPO: *Você estava no estúdio o tempo todo?*

MOLIK: Sim, na sala, o tempo todo na sala, mas não era preciso que todos permanecessem na sala necessariamente. Começamos com vinte e quatro horas e, mais tarde, mudamos para doze. Então começávamos às seis da tarde e encerrávamos às seis da manhã.

CAMPO: *Talvez a gente possa falar de projetos específicos para que você os descreva mais detalhadamente.*

MOLIK: Só posso falar da Árvore das Pessoas porque fiz parte deste projeto. Os outros projetos foram liderados por outra pessoa. Existia, por exemplo, um projeto chamado Montanha e outro chamado Rua, em que algum lugar na cidade era visitado, como estações de trem, por exemplo.

CAMPO: *Sei de algumas coisas sobre estes projetos a partir daquilo que foi contado pelos membros do Il Grupo Internazionale l'Avventura (O Grupo Internacional Aventura).*[2] *Você afirma que o projeto Rua foi criado aqui. Não me recordo de nenhuma documentação, mas foi realmente criado aqui em Wroclaw?*

MOLIK: Sim, foi criado aqui na nossa sala grande.

CAMPO: *E quem era o líder naquela época?*

MOLIK: Os líderes sempre mudavam. Geralmente, eu trabalhava com Ante Jaholkowski porque sempre tínhamos que trabalhar em dupla, fazendo trocas para que tivéssemos tempo para um curto descanso. Para isso, usávamos outra sala no terceiro andar, que, na verdade, era um tipo de guarda-roupas. Havia outros lugares, no campo aos arredores de Wroclaw, em que trabalhávamos. O principal lugar era em Brzezinka; mas havia outros também no exterior. O fim das sessões se dava quando repentinamente escancarávamos a porta ou o portão destes espaços grandes e fechados, para que a luz do sol pudesse entrar. E podíamos sair todos juntos, correr e depois voltar para o espaço.

[2] Esse grupo foi criado por algumas pessoas internacionais que trabalharam na Polônia por um tempo e depois desenvolveram um trabalho autônomo de parateatro na Itália, em Volterra, na Toscana. Esse foi o único grupo independente de parateatro, apesar de ainda estar conectado com Grotowski. Seu líder foi o siciliano Fausto Pluchinotta.

CAMPO: *De repente, o sol invadia o espaço.*

MOLIK: Sim, mas também acontecia à noite, porém, em um determinado momento, quando estava completamente escuro, costumávamos abrir os portões e sair para correr. Não sei como eu conseguia, como era possível fazer aquilo. Lembro-me que assim que a noite ficava completamente escura, sem nenhuma lua, eu liderava as pessoas pela floresta, em um caminho estreito e tortuoso, ninguém conseguia enxergar nada, mas conseguíamos chegar.

CAMPO: *Nem mesmo os líderes conheciam o caminho direito.*

MOLIK: Não, não tinha nada para ver. Nós apenas seguíamos instintivamente o caminho, mas ninguém sabe como aquilo era possível. Era um instinto primário; não sei como descrever.

CAMPO: *Era perigoso, mas nada aconteceu.*

MOLIK: Sim, era obviamente perigoso, mas nada aconteceu.

CAMPO: *Havia na Árvore das Pessoas alguma ideia de ensinar alguma coisa?*

MOLIK: Não, nada. Era apenas, como posso dizer, conseguir conhecer alguém sem conhecer, estar verdadeiramente juntos sem estar juntos, sem tocar os outros, e isso funcionava. No princípio, não tínhamos absolutamente nenhum conhecimento de nada, mas, mais tarde, com a passagem do tempo, era natural que adquiríssemos uma espécie de *background* para o trabalho. Quando tivemos as primeiras experiências deste tipo, não sabíamos absolutamente nada, assim como os outros participantes. Éramos líderes somente no nome, na regra. De fato, estávamos lá com completo desconhecimento, como todos os outros.

CAMPO: *Então os líderes não eram especializados. Vocês faziam todos a mesma coisa.*

MOLIK: Todos fazendo o mesmo, sim, ou não fazendo nada, também, porque assim é a vida.

CAMPO: *E começou no espaço do estúdio, no Centro em Wroclaw.*

MOLIK: Sim, nasceu lá. Foi só depois que fizemos o mesmo em Brzezinka e em outros lugares.

CAMPO: *O nome Árvore das Pessoas está relacionado com o espaço? Como uma árvore com espaços diferentes, como galhos? De onde você tirou esse nome, o que significa?*

MOLIK: Árvore das Pessoas? Um tronco com vários galhos.

CAMPO: *Mas os galhos eram como se fossem salas deste espaço ou eram algo totalmente diferente?*

MOLIK: Não, era apenas uma única árvore com muitos galhos.

CAMPO: *Um símbolo da vida.*

MOLIK: Não tinha nada a ver com a árvore como árvore. Lembro da genealogia do conceito: quando nasceu, lá no início, batizamos de Colmeia. O espaço em que trabalhávamos era como uma colmeia. Então o primeiro nome para isso era *Ul* (colmeia). Mais tarde mudou para Árvore das Pessoas.

CAMPO: *Por que Colmeia?*

MOLIK: Porque o nosso comportamento era como o de abelhas em uma colmeia. Nós estávamos buscando qualquer possibilidade de estarmos em movimento, como abelhas que vão e vêm através da colmeia e para fora dela e assim por diante; às vezes são densas, todas juntas, e algumas mais dispersas no espaço.

CAMPO: *Conte-me sobre o que você fazia com o mel. Me disseram que em algumas ocasiões você ficava seminu e passava mel do dedo de uma pessoa para a boca de outra e assim por diante.*

MOLIK: Isso era outra coisa. Usávamos elementos como mel ou pão ou terra, mas não tinha nada a ver com a Árvore das Pessoas ou com a Colmeia; era um projeto especial conectado com algumas cerimônias. O fogo, a refeição, a terra, era algo mais conectado com a natureza.

CAMPO: *Essas cerimônias eram inventadas por vocês ou retiradas de algumas culturas específicas?*

MOLIK: Retiradas de algumas culturas.

CAMPO: *Eram cerimônias reais, então.*

MOLIK: Sim, reais; mas este projeto não tinha como despontar naquela sala. Nasceu em outros lugares, principalmente no ambiente externo, e tinha diferentes nomes e formas, como o projeto Gorá, projeto Montanha e outros, muitos outros.

CAMPO: *Gostaria de voltar a falar de voz agora. Qual é a diferença, para o organismo, entre o tom agudo e o tom grave, a voz grave?*

MOLIK: Agudo e grave. Para mim, o fundamento para a voz é o de que qualquer voz deve ser gerada a partir da base da coluna. Essencialmente, a diferença básica é que você precisa acessar a voz grave da base da coluna, assim como a voz mais aguda, só que mais tarde a voz deverá ser acessada da parte inferior do tronco para gerar uma voz grave e, da parte superior do corpo para uma voz mais aguda, ou – e este é um caso famoso – da nuca para uma voz muito aguda.

CAMPO: *Sempre iniciando na base da coluna, que é uma parte baixa do corpo.*

MOLIK: Sim, você pode tornar a voz mais aguda utilizando diferentes ressonadores, como vocalizar o "Hi" da nuca e o "Ah" utilizando o ressonador peitoral. Se quiser conquistar uma voz muito leve, por exemplo, você deve acessar a partir do seu peito e a combinação pode ser feita usando ressonadores das costelas ou dos ombros.

CAMPO: *Como é que as diferentes vozes afetam o organismo? Em termos de vibração, existe uma diferença entre utilizar a voz aguda e a grave?*

MOLIK: São apenas diferentes. Se você cantar utilizando as suas costas, você pode conferir à voz diferentes potências e diversas cores, diferente de quando você tenta cantar a partir do seu peito ou utilizando um tipo de mistura que você pode conquistar com as costelas.

CAMPO: *O que você acha do trabalho de Grotowski durante e depois do Teatro das Fontes, quando ele elaborou a passagem da abordagem horizontal para a pesquisa vertical do performer? Em relação principalmente ao desenvolvimento da ideia de uma "Conexão Superior",[3] prática que considero semelhante a do seu trabalho com a voz, buscando, durante horas, a Vida do performer. De fato, o próprio Grotowski mais tarde elaborou, por meio da prática com seus colaboradores, os conceitos de "Corpo-Vida" e "Corpo-Memória".*

MOLIK: Sobre isso não posso falar muito porque nunca participei do Teatro das Fontes e dos projetos posteriores. Sempre dei continuidade aos meus próprios projetos[4] e à Árvore das Pessoas.

CAMPO: *Você manteve contato com Grotowski ou você parou de se comunicar com ele? Você manteve contato com ele?*

MOLIK: Mantive contato com ele a minha vida toda. Mesmo quando ele estava em Nova York fui visitá-lo, já que eu estava trabalhando no Canadá e, de Toronto para Nova York, foi um pulo.

CAMPO: *Para ser mais preciso, qual era a diferença entre a Vida Orgânica que é encontrada através do trabalho e o Processo, aquela experiência específica que Grotowski chamava de Processo? Existem diferentes níveis da Vida no trabalho?*

MOLIK: Farei para você uma explanação sobre as diferenças e os passos no trabalho. A Vida Orgânica aparece quando sua Vida está praticamente, completamente, aberta e chegou a um estágio de estar quase sem saber o que fazer; quando você está confiando no seu próprio

---

[3] Ver T. Richards, *The Edge-Point of Performance*, Pontedera: Série de Documentários do Centro de Trabalho de Jerzy Grotowski, 1995.

[4] Ver Apêndice.

organismo e encontrando apenas os impulsos certos e as respostas certas para estes impulsos. A condição para que isso aconteça é a presença de outra Vida, que não é tão orgânica, já é uma composição. De fato, esta outra Vida é algo que vem da estrutura que foi preparada durante o treinamento. Foi composta no nível físico e vocal.

CAMPO: *Então, posso afirmar que utilizou esta Vida composta também quando experienciava o Processo.*

MOLIK: Nesse Processo e em toda a Vida, você precisa ter essa outra Vida, que não é tão orgânica mas, já deve ser composta, o que significa que tem uma *partitura* precisa.

CAMPO: *Mas, ao mesmo tempo, o Processo é um passo além da Vida Orgânica?*

MOLIK: Sim, claro. Em *Akropolis,* por exemplo, praticamente todos nós usamos a Vida Orgânica no palco quando foi necessário e o resto foi mais ou menos uma composição. Era uma construção; tudo era construído; a Vida era construída nos dois níveis: físico e vocal. A Vida Orgânica aparecia na construção só quando era necessário. As primeiras impressões de uma pesquisa direta sobre a Vida Orgânica apareceu em *Fausto,* quando tudo ficou, como dizer, mais maluco ainda. Naquela época, no começo dos ensaios e a partir das primeiras tentativas, cada ator tinha que encontrar a sua própria maneira de abrir a Vida sem usar a composição. Contudo, tinham que manter esta Vida, que é, pela sua própria natureza, *sauvage* e colocá-la dentro de uma certa disciplina.

CAMPO: *E desta maneira você acessou a Vida e depois o Processo.*

MOLIK: Sim, esta é a maneira de acessar o Processo.

CAMPO: *Então o Processo não era experienciado apenas por Cieslak; todos os atores tinham que trabalhar com este Processo.*

MOLIK: Quando necessário, todos os atores da companhia eram capazes de atuar no Processo, mas apenas quando era necessário. E não acontecia com frequência. A presença de uma Vida Orgânica, desse fluxo de Vida, claro, era absolutamente necessária, mas o Processo Orgânico real apareceu apenas de tempos em tempos nesse fluxo de Vida.

CAMPO: *Existe uma maneira específica de acessar ou é apenas uma questão de repetição de padrão de ações?*

MOLIK: Não, deve ser de uma maneira especial. Com essas repetições você só pode trabalhar sobre alguns dos detalhes.

CAMPO: *E qual é essa maneira especial?*

MOLIK: Utilizarei uma metáfora: imagine um canal em que a água está correndo, correndo, correndo e é desse tipo de Vida que se trata, porque está correndo e é contida pelo lados do canal. Exatamente acima do nível superior da água, o Processo Orgânico corre lentamente, como um rio silencioso. Você nunca sabe o que irá acontecer naquele determinado momento quando o Processo chega; é como, por exemplo, uma erupção de lava de um vulcão. Agora a questão é, o próximo passo é, quando esse tipo de Vida é encontrado, como discipliná-la, como não aniquilá-la, não eliminar essa lava, essa vida-fogo, e como disciplinar isso e empurrar isso para o fluxo certo. Vou lhe dar outro exemplo: é como se algo estivesse gritando dentro de você, de uma maneira que você nunca gritou antes, que você nunca experimentou antes na vida; esse é o Processo. Você deve preservar o que você encontrou dentro de você e tornar isso aceitável para a nossa cultura, para as pessoas adultas; porque quando você é criança, você pode apenas gritar, "Uah, uah, uah, uah", mas, como adulto, com esse "Uah, uah, uah, uah" você pode fazer uma música, por exemplo. Você tem que fazer uma música com isso, ou algo parecido, senão isso soará como uma lamentação infantil e nada além disso. Você precisa ser capaz de fazer uma música a partir disso ou mesmo um discurso com isso, posteriormente ou, e às vezes é possível, imediatamente. Provavelmente o que estou dizendo parece estranho, mas como posso descrever o Processo? É algo que é pura Vida. É a Vida Orgânica em uma forma pura. Não podemos descrever o que está acontecendo nestas circunstâncias e como está transcorrendo. É muito difícil, não tenho um talento descritivo a respeito do que fiz, do que estava fazendo e continuo a fazer.

CAMPO: *Gostaria de saber se houve alguns passos liderados por Grotowski que lhe trouxeram até este estágio ou se foi apenas uma abordagem individual, e cada um de vocês teve que encontrar o próprio caminho.*

MOLIK: Acredito que as coisas caminham juntas. Grotowski pedia coisas e cada ator as executava. Cieslak executava pessoalmente e o restante de nós teve que encontrar as suas próprias respostas para as demandas dele. Sim, me parece que Cieslak era como um instrumento genial em que Grotowski pudesse tocar a sua própria Vida enquanto éramos meramente pessoas normais ali. Ele nunca foi tão longe com os outros. Tentou com Cynkutis primeiramente, mas com Cynkutis não funcionava, simples assim. No entanto com Cieslak, sim, funcionava.

CAMPO: *E com você?*

MOLIK: Não, ele nunca tentou comigo. Meu papel no grupo era um pouco diferente. Eu era um tipo de homeostase. Ele me chamou de homeostase.

CAMPO: *O que significa isso?*

MOLIK: Às vezes havia turbulência no grupo. De tempos em tempos, acontecia algo como uma grande tempestade, mas fui capaz de influenciar positivamente, de acalmar. Não verbalmente, não tive que falar nada.

CAMPO: *Apenas com a sua presença.*

MOLIK: Este é um aspecto. Existe outro aspecto, mas o outro aspecto não importa.

CAMPO: *Talvez tivessem uma consideração especial por você, respeito pela sua experiência.*

MOLIK: Isso é parcialmente verdadeiro; outro fato foi que a minha constituição era de um certo tipo e isso simplesmente surgiu em meu comportamento.

CAMPO: *Você sabe por que Eugenio Barba deixou a companhia depois da experiência dele como diretor assistente de Grotowski?*

MOLIK: Sim, sei, foi por motivos políticos. Nossas autoridades manifestavam alguns sinais contrários a ele. Não sei exatamente o quê, ninguém sabe, mas de qualquer maneira ele não queria mais ficar. Ele sentiu algum tipo de perigo em permanecer ali.

CAMPO: *Hoje, finalmente, gostaria de discutir alguns outros tópicos que considero interessantes. Qual é o papel da sexualidade? A sexualidade é objetivamente uma grande fonte de energia.*

MOLIK: Sim, claro, é uma grande fonte de energia, cheia de criatividade. É óbvio para todos porque as pessoas famosas em uma idade avançada são impotentes como criadores.

CAMPO: *Mas, especificamente, como é que esta grande energia foi usada?*

MOLIK: Pessoalmente, é raro eu tentar tocar a sexualidade de alguém. Contudo, fiz isso algumas vezes, mas não muito. Não sei quantas vezes, mas vamos dizer algumas vezes, poucas vezes. De qualquer jeito em fiz, eu toquei isso diretamente. Quero dizer, não com os meus sentidos, mas estimulando isso, utilizando algumas imagens e assim por diante. É claro que funciona. Funciona utilizando a sexualidade no sentido de buscar um caminho possível para se criar mais do que usualmente: para ser mais criativo. Sim, é um fato. Sem dúvida é preciso adentrar esta região da sexualidade de vez em quando.

CAMPO: *Não sei, mas Grotowski utilizava isso no seu trabalho de alguma maneira?*

MOLIK: Também não sei. Mas o que ele fez com Cieslak é óbvio. Ele teve que passar por isso, não sei com certeza, mas sei que ele teve que visitar essa região, e visitar a fonte que todos possuímos, mas nunca usamos em circunstâncias como no palco.

CAMPO: *O último tópico do dia: religião. Acho que muitas coisas confusas foram ditas a respeito desta questão em relação ao trabalho da companhia, e depois dela. Lembro de Ferdinando Taviani[5] dizendo que, de certa maneira, Grotowski trabalhava baseando-se na religião, mas sem a sua mitologia: sobre os princípios religiosos, sobre aquilo que resta da religião depois de erradicado o papel da mitologia. Esta ideia de um ritual laico,[6] por exemplo, pode ser explicada desta maneira. Em outras palavras, parece que é uma espécie de prece. Tecnicamente, quero dizer uma prece sem o objetivo da prece, pelo menos na sua iconografia.*

MOLIK: Diria que isso estava no campo religioso, na medida em que se buscava arquétipos ou algumas cerimônias. Não tinha nada a ver com a fé em Deus, certamente não é o caso. Tinha a ver com alguma outra coisa?

---

[5] Estudioso italiano, professor de História do Teatro na Universidade de L'Aquila.
[6] Ver J. Grotowski, *Towards a Poor Theatre*, Londres: Methuen, 1973.

Quarto dia

ENCONTRO COM O DESCONHECIDO | MONTAGEM

CAMPO: *Desejo falar mais profundamente sobre as raízes do seu trabalho e da sua relação com algumas tradições ou mestres. Estava pensando novamente sobre Zavatsky ou no próprio Stanislavski ou na companhia polonesa Reduta; de certa maneira todos eles influenciaram o seu trabalho.*

MOLIK: Este é o domínio do próprio Grotowski. Nunca fui profundamente interessado por estes trabalhos.

CAMPO: *Creio que Stanislavski, em sua versão original, era a base para o treinamento de todos os atores na Polônia. Ainda é uma maneira de se trabalhar em todos os países do leste europeu, no mínimo porque era o modelo oficial para ser seguido sob o regime soviético e depois acabou se tornando uma tradição estabelecida de ensino. Talvez para Grotowski tenha sido algo que estava ali para ser utilizado como uma referência em contextos específicos e de modo específico, talvez não explicitamente, mas como uma espécie de diretriz, já que, como ele afirmou diversas vezes, ele queria dar continuidade ao trabalho de Stanislavski. Em síntese, era isso que ele queria fazer e o que fez toda a vida; contudo, este trabalho tinha que ser realizado na prática, pelos atores.*

MOLIK: Stanislavski é o que eu poderia chamar de uma grande sombra, mas apenas isso. Estava presente, porém não posso dizer que algo foi explicitamente utilizado, pois nunca exploramos essa possibilidade.

CAMPO: *Nem mesmo na escola de teatro? Não era uma abordagem utilizada no ensino das escolas?*

MOLIK: Na escola, alguns exercícios básicos de Stanislavski foram usados: como o exercício de entrar em contato com as sensações que você tem quando está debaixo do chuveiro. Este é um exercício bem conhecido, criado a partir de uma abordagem stanislavskiana. Mas apenas isso, foi absolutamente incidental. Nunca seguimos nenhum método, havia pequenas coisas, alguns detalhes.

CAMPO: *E o que foi apreendido especificamente de Zavatsky?*

MOLIK: Zavatsky era conhecido através das histórias que Grotowski costumava contar, porque considerava-o seu mestre desde quando estudou com ele na GITIS, em Moscou. Era como um pai para ele, no sentido abrangente da palavra, é claro. Então conheço apenas algumas histórias sobre Zavatsky. Foi sempre uma conexão indireta.

CAMPO: *E o Reduta?*

MOLIK: É a mesma coisa, sabíamos deles através de histórias. Conhecíamos apenas a história do Reduta e alguns episódios do seu trabalho.

CAMPO: *Mas você teve encontros com alguns membros do Reduta?*

MOLIK: Sim, houve encontros com um homem e uma mulher, os Galls. Era um casal, eram casados. Contaram-nos algumas histórias sobre Osterwa, o diretor do Reduta. Tiveram uma conexão direta com ele, estiveram com Osterwa durante um longo período.

CAMPO: *Então as suas reuniões com o Reduta consistiam em apenas conversar sobre as suas experiências, não em trabalhar juntos no estúdio.*

MOLIK: Não, apenas conversamos.

CAMPO: *Estava pensando em Stanislavski também porque é evidente que todo o seu trabalho é baseado na precisão, que era uma espécie de obsessão dele. Para além do interesse na precisão como um conceito, que se tornou comum, mas ainda possui uma compreensão genérica, a sua prática concreta nas apresentações baseava-se na precisão. Então seria muito interessante saber que passos foram utilizados para construir a partitura. Existem várias maneiras de construir um papel. Contudo, as características evidentes e específicas do seu trabalho é que fazem a diferença, em comparação com outros tipos de apresentações. Você podia repetir a partitura de maneira exata, inúmeras vezes, mantendo a precisão e a Vida. Gostaria de saber como é possível acessar esta qualidade. Qual é a diferença, o vão ou a conexão entre a liberdade e a forma, entre a improvisação e a precisão que coexistem nesta Vida no palco?*

MOLIK: Esta é uma boa pergunta, mas eu não sei a resposta. Nunca entrei profundamente nestes outros aspectos, como, por exemplo, de onde veio uma prática específica. Nunca tentei definir os elementos do meu trabalho, as minhas experiências como ator e de como aconteciam; porque estava sempre seguindo organicamente a minha Vida, a minha profissão. Fazia, simplesmente. Você deve buscar. Primeiramente você deve buscar, e depois você deve encontrar e então deve ajustar e organizar isso muito bem. Primeiro você deve encontrar o fluxo da Vida Orgânica e depois você se preocupa com como organizá-lo e com como criar uma forma com isso e torná-la precisa. Funciona dessa maneira, simples assim.

CAMPO: *Então o ponto é, como conciliar a liberdade e a precisão? É também a questão principal na nossa vida comum.*

MOLIK: Sim, esta é a questão. É sempre a questão principal enquanto você experiencia este tipo de processo. Você sabe que todas as estruturas começam, que tudo começou com a improvisação. Era assim que funcionava conosco. Primeiro, era uma questão de sempre buscar e, depois, quando algo era encontrado, a questão era como retornar à Vida, como voltar para as suas origens, para o seu nascimento. E depois [nos voltávamos] para o como foi criada, a sua expressão e, em seguida, [pensávamos em] como retornar a essa forma e repeti-la para reconstruí-la. Primeiro, reencontrar, reconstruir e depois ser capaz de repetir, conferindo sempre uma plena e nova Vida para essa forma que já fora encontrada uma vez.

CAMPO: *E você começava diretamente a partir das ações físicas ou de outros elementos, como a personagem, por exemplo?*

MOLIK: Não, estamos falando sobre como encontrar a essência da Vida. O que chamo do encontro com o desconhecido, que sempre acontecia fisicamente durante a nossa pesquisa, durante o treinamento ou parte do treinamento ou em outra circunstância do trabalho; quando você está em uma sala vazia e não sabe o que fazer e está aguardando uma inspiração, uma ação. É só depois que você verifica se esta ação encontrada faz sentido ou não.

CAMPO: *Então geralmente todos os elementos do trabalho individual sobre um papel vinham diretamente das ações mais do que do pensamento, de uma imagem ou a partir das emoções. Diretamente das ações, portanto.*

MOLIK: É claro que era proveniente da ação, da Vida espontânea, apenas da ação. Isso é o que chamo de encontro com o inesperado. A busca do encontro com o desconhecido.

CAMPO: *E a ação pode ser utilizada especificamente para trazer à tona a memória.*

MOLIK: Sim, o corpo tem sua memória. Esta é uma verdade muito conhecida. Então, mesmo se este momento especial da Vida durar apenas quinze minutos, se manifestará através da ação. Acontece quando algo é encontrado, algo valioso, não apenas qualquer coisa, mas algo que está profundamente dentro de algum lugar esquecido seu, e em circunstâncias favoráveis irá se manifestar como uma ação. Depois disso, você deve lembrar o que uma mão estava fazendo e o que a outra mão estava fazendo, o que o centro do seu corpo estava fazendo e o que os seus pés estavam fazendo. Sim, e depois você precisa juntar todos os detalhes e retornar com profundidade para este fluxo de pequenas ações e, em seguida, deve tentar retornar para a fonte profunda da ação e, logo após isso tudo, tem que torná-la mais e mais plena. Mas, primeiro você precisa recordar do desenho da ação, deve apenas lembrar-se dela. E mais tarde a questão é como e com o que deve ser preenchida, com o que a ação original estava preenchida.

CAMPO: *Quando trabalha com personagem, como é que você mantém a personagem nas suas ações e trabalha livremente com a Vida?*

MOLIK: Esse tipo de pesquisa pode advir de muitos lugares, e você nunca sabe se está trabalhando com a personagem, se está buscando a personagem ou se está buscando a Vida que forma esta personagem. Então você não sabe o que está buscando. Nunca procuro pela personagem, busco os impulsos que podem posteriormente criar uma personagem.

CAMPO: *Mas de onde vem a forma que você mostra como "resultado"? Onde você encontra a conexão entre a personagem e a criação?*

MOLIK: Da Vida em si. Do desconhecido. Preciso dizer o que esta Vida é para mim. A Vida é estar na sala e entrar em contato com as paredes, com as cadeiras, com o chão. É conhecer o desconhecido, entrar em um estado de busca pelo desconhecido e adentrá-lo. É isso que cria a forma. Passo a passo cria-se a personagem através de pequenos pontos, de pequenas descobertas.

CAMPO: *Tudo isso fica claro quando penso no seu trabalho com a voz e corpo, o trabalho com apresentações; por isso eu estava focando particularmente no trabalho com personagem; a personagem sempre tem alguns elementos específicos estabelecidos que você precisa dar aos espectadores, que precisa comunicar. Então, é claro, você pode buscar o desconhecido e trazer para ele alguns elementos da personagem que precisam ser muito compreensíveis para o espectador.*

MOLIK: Não. Na apresentação tudo já precisa estar bem conhecido. É como pular – quando você atravessa o rio, você procura por pedras e pula de uma pedra para a outra. É exatamente como atravessar um rio e buscar as pedras para firmar os pés. Na apresentação, basta recordar como as coisas aconteceram na primeira vez.

CAMPO: *E a montagem?*

MOLIK: Trabalhar na montagem é como buscar o sentido do que você quer apresentar. Você tem algumas cenas, algumas cenas curtas ou alguns eventos, e aí você encontra uma maneira de caminhar com aquilo, com as consequências destas ações, de cada um dos pequenos pontos. Esta é a montagem.

CAMPO: *Então nesse momento você começa a pensar no espectador.*

MOLIK: Claro, nesse caso, agora você precisa pensar nos espectadores.

CAMPO: *Isso significa, por exemplo, que você está tomando conta da posição, da distância e da perspectiva do espectador. Este é o trabalho de montagem do ator.*

MOLIK: Sim, você precisa pensar em tudo; por exemplo, em como retornar, num determinado momento, de uma direção e depois ir para outra direção e assim por diante. Sim, esta questão da montagem é outra coisa importante, mas a essência precisa ser vivenciada.

CAMPO: *Quando penso na montagem do diretor, penso no cinema. Lembro novamente de Nando Taviani, afirmando que o trabalho de Grotowski e o seu trabalho, consequentemente, foram muito influenciados pelo cinema em termos de montagem, porque é muito claro que existe uma estrutura muito forte nesse sentido. Essa ideia não tem muito a ver com a prática cinematográfica, mas tem muito a ver com o cinema como conceito, como uma forma de arte baseada na montagem. Diria que todas as formas da verdadeira arte baseiam-se na montagem, mas para os filmes esse aspecto é evidente e bastante influente. De fato, os teatros ocidentais do século XX são diferentes dos teatros mais antigos por muitas razões práticas, mas também em termos de estética. Isso parece natural quando pensamos que grande parte desses teatros foram criados quando o cinema já era uma forma de comunicação estabelecida e poderosa. Então não é difícil acreditar que o trabalho de Grotowski nas apresentações foi influenciado e, portanto, o seu trabalho foi influenciado pela montagem cinematográfica. Podemos dizer com facilidade que no seu trabalho a montagem é muito evidente. Podemos observar que você criou uma rede de diferentes fundos, close-ups, etc., organizados em uma estrutura complexa analógica e dialética.*

MOLIK: Sim, é verdade. A montagem era muito importante na organização do nosso trabalho. Principalmente no acabamento final. Fazer a montagem era sempre um grande problema, porque tínhamos sempre várias pequenas cenas. E mudava diversas vezes antes da versão final. Sim, criar a versão final das nossas apresentações foi sempre um trabalho árduo. E não era como lidar com uma peça normal, como *As Três Irmãs* de Tchecov, quando uma coisa vem depois da outra e você deve preparar cada cena e então isso é feito dessa forma porque tudo estava previamente estabelecido. De fato, nestes casos, tudo já estava pré-determinado e já se sabia como as coisas se reuniam. Mas no nosso caso, não era assim. Havia cenas que eram cortadas e algo de novo surgia em seguida, de última hora. Então era muito mais complicado e um trabalho bem mais complexo em comparação com as apresentações normais.

CAMPO: *Posso imaginar como era difícil reunir este tipo de material. Algumas cenas que eram particularmente centrais na apresentação tinham que ser editadas juntas, no mesmo momento, com outras que talvez não fossem menos significantes, mas que tinham importância menos evidente, com o objrtivo de criar e simultaneamente proporcionar diferentes emoções ao espectador.*

MOLIK: Sim, essa era uma das principais dificuldades.

CAMPO: *Estava pensando em Eisenstein, o diretor russo. Ele era um diretor de cinema revolucionário por muitos motivos, principalmente quando consideramos as suas ideias sobre montagem. Ele foi muito importante para o teatro da sua época e deixou uma documentação considerável a respeito, ainda que essa parte do seu trabalho não seja muito bem estudada, especialmente no mundo de língua inglesa. Ele passou do teatro para o cinema, trazendo consigo os mesmos princípios. Gostaria de saber se você acredita que isso ainda é possível, passar do teatro para o cinema utilizando os mesmos princípios.*

MOLIK: Acredito que tudo é possível, então isso também é possível. Entretanto, em relação à montagem, diria que é mais fácil e mais natural passar do cinema para o teatro do que do teatro para o cinema.

CAMPO: *Sempre quis saber qual é a melhor maneira de fazer um filme sobre teatro, sobre uma apresentação teatral, porque geralmente são muito ruins. Conheço poucos bons exemplos, como é o caso de* Akropolis.

MOLIK: Você viu *Acting Therapy*.

CAMPO: *Sim, é interessante. Mas o filme do* Apocalypsis cum Figuris *é um desastre. Como é possível documentar o teatro, qual é a melhor maneira?*

MOLIK: Eu não sei, mas você tem alguns exemplos. Você tem *Akropolis, O Príncipe Constante* e tem também o *Apocalypsis cum Figuris*, que é um desastre, como você bem colocou. Sim, é evidente que o material de

Ermanno Olmi desta peça era um horror. Contudo, o filme de *Akropolis* é aceitável e também O *Príncipe Constante*, mesmo que não seja tão perfeito.

CAMPO: *Sim, o filme* O Príncipe Constante *não é profissional, mas é muito bom.*

MOLIK: Sim, independente da sua realização, o fato é que ele ainda existe.

Quinto dia

O "ALFABETO DO CORPO"

CAMPO: *O gestus do ator. O gesto.*

MOLIK: O gesto teatral é algo bem natural. É apenas uma expressão específica do corpo, dos sentimentos, das emoções, dos pensamentos e assim por diante.

CAMPO: *Mas o gestus não é como os gestos da vida diária. É diferente.*

MOLIK: Temos gestos tanto na vida cotidiana quanto nas expressões artísticas especiais, como o *Le Penseur* [O Pensador], de Rodin, a escultura famosa. O gesto pode acontecer de diversas maneiras.

CAMPO: *No teatro, os gestos podem ter um sentido particularmente denso, como se fossem a síntese de algo.*

MOLIK: Claro, um gesto é um gesto. Quando quero começar a pensar, pego um gesto como o *Le Penseur*, de Rodin. E o que isso significa? Quer dizer o que quer dizer. Claro, no teatro, podem haver gestos que sejam uma composição e gestos podem ser que sejam orgânicos. Bastante orgânicos, e a estes eu chamo de "naturais". Mas alguns gestos também podem vir de uma composição. Este tipo de gesto tem uma função diferente, você concorda?

CAMPO: *Sim, concordo. E a "ação real"? Grotowski era muito preocupado com isso. Era a principal preocupação de Stanislavski, por mais que ele exprimisse isso com palavras um pouco diferentes.*

MOLIK: Ação real é ação real. Não é gesto. Porque quando mexo sutilmente o meu braço, isso é um gesto. Mas quando quero abrir o espaço, faço uma linha precisa com os dois braços, por exemplo. Isso é uma ação e aquilo é um gesto.

CAMPO: *Isso está relacionado à função.*

MOLIK: Sim, à função. O gesto é uma expressão da vida interna. E a ação é sempre direcionada ao mundo exterior.

CAMPO: *E os dois aspectos do teatro, sinceridade e ficção, sua natureza de ser falso? Obviamente, teatro é sempre falso porque é um lugar em que se vivencia a personagem. Mas o bom trabalho teatral é sincero. Como é que estes dois aspectos coexistem?*

MOLIK: Você precisa criar ficção com a vida real. No teatro, você cria um tipo de ficção. Mas quando você cria a ficção, se você quer que seja bom – e deve ser – tem que ser verdadeiro, então ao mesmo tempo precisa advir da vida real. Caso contrário, ninguém acredita em você.

CAMPO: *Lembro de algo que Maja Komorowska[1] disse a respeito do que Grotowski queria, porque mais uma vez é a mesma coisa que Stanislavski almejava. Ele sempre dizia para os atores: "Acredito em você" ou "Não acredito em você", pedindo que repetissem a ação, caso não fosse crível. É verdade, é algo que ele sempre fazia?*

MOLIK: Sim. Sempre. Uma vez, Cynkutis[2] quase matou Grotowski com uma cadeira, depois de duas horas nas quais Grotowski continuava repetindo incessantemente: "Não acredito em você". Cynkutis deveria expressar algo com seus ombros, que ele estava chorando, mas apenas com seus ombros, e Grotowski fez com que ele continuasse por um longo tempo, repetindo: "Não acredito em você, não acredito em você...", e aí ele explodiu e estava muito perto de matá-lo com a cadeira. E, então, Grotowski disse: "Sim, agora acredito em você", que foi como dizer "Pare!" porque Cynkutis estava correndo em sua direção com a cadeira como um touro enfurecido, então ele disse: "Pare! Agora acredito em você!". História engraçada.

CAMPO: *Agora, mudando de assunto completamente, gostaria de saber uma coisa a respeito dos efeitos das*

---

[1] Antigo membro do Teatro Laboratório.
[2] Antigo membro da companhia e diretor do Segundo Estúdio, aberto em Wroclaw, em 1984, depois que Grotowski deixou o país.

práticas parateatrais no teatro atual. Conheço muitos artistas que começaram a fazer teatro depois que tiveram algumas experiências no parateatro. Você acha que o parateatro pode ser útil para um ator em termos profissionais?

MOLIK: Sim, muito útil e mudou o valor das nossas apresentações. Posso dizer que as experiências com a natureza mudaram completamente a nossa maneira de atuar. Digo atuação porque era como dizíamos antes, no sentido que um ator deve atuar. Então o parateatro mudou completamente a nossa abordagem da atuação. Mesmo sem saber, sem estarmos conscientes, mudou completamente a nossa abordagem. Não era a mesma atuação antes e depois da experiência com o parateatro. Havia uma grande diferença. O parateatro chegou enquanto estávamos apresentando o *Apocalypsis cum Figuris* e ele mudou toda a vida do espetáculo. Esse contato próximo com a natureza mudou o nosso organismo como um todo também. Não apenas nosso estilo de vida; o organismo também mudou.

CAMPO: *Então não era uma questão de técnica. Uma mudança real era experienciada através do parateatro. A sua vida mudou; foi por esse motivo que quando você se apresentava, a sua maneira de representar mudava, a sua presença estava diferente.*

MOLIK: Sim. É como a diferença entre a vida na cidade, em que você se encontra limitado pelas ruas, e assim por diante, e a vida em um grande espaço, na natureza, em um espaço grande e amplo.

CAMPO: *Mas você costumava praticar o parateatro em espaços internos também, e na cidade também. Então não se tratava apenas do contato com a natureza.*

MOLIK: Sim, claro. Não éramos os mesmos depois das experiências que tivemos com a natureza através do parateatro.

CAMPO: *Você acredita que a Cultura Ativa, esta nova abordagem que vocês inventaram para o teatro e para a arte, em que todos se tornam ativos,e não há mais usuários passivos, era uma revolução ou uma continuação do caminho que estavam seguindo?*

MOLIK: Era simplesmente uma evolução.

CAMPO: *Mas está claro que tudo mudou. Um exemplo dessa mudança é que vocês deixaram de se apresentar a determinada altura desse processo.*

MOLIK: Não, não paramos. Uma ou duas vezes na semana costumávamos voltar de Brzezinka e ainda apresentávamos o *Apocalypsis cum Figuris*.

CAMPO: *Mas depois de um longo período do* Apocalypsis *você parou. O Grotowski parou, foi embora.*

MOLIK: Aquela realmente foi a última apresentação oficial.

CAMPO: *Você diz "oficialmente" porque, de fato, não oficialmente, você estava fazendo algo não divulgado?*

MOLIK: Houve algumas tentativas com Cieslak. Quando Grotowski nos deixou, eles fizeram o *Thanatos Polski*. Talvez o Flaszen estivesse um pouco ligado a esse projeto.

CAMPO: *Fora alguns episódios, basicamente todos vocês pararam de se apresentar. Houve um rompimento claro nesse momento.*

MOLIK: Houve mesmo. Entretanto, havia esta tentativa de continuar com o *Thanatos Polski*. Mas sem mim. Não concordei em participar desse projeto. Porque eu disse que sem Grotowski eu não estava interessado em continuar com o grupo. Foi um pequeno escândalo porque recusei o papel e contrariei as regras.

CAMPO: *Porque estavam todos envolvidos naquele projeto.*

MOLIK: Sim, mas eu recusei. Naquele momento, estava liderando o meu próprio projeto com a voz.

CAMPO: *Rena Mirecka estava envolvida naquele projeto?*

MOLIK: Não, ela não podia fazer parte do projeto. Por outros motivos.

CAMPO: *Agora tenho que perguntar a você uma coisa muito importante. O que eu gostaria de saber é se, depois de todas as suas experiências com a voz, você poderia particularizar um mapa preciso dos pontos energéticos do corpo que seja universal e idêntico para qualquer pessoa. Entendo que por um lado é óbvio que a estrutura corporal varia de pessoa para pessoa, mas, por outro lado, há muitas tradições que afirmam existir pontos fixos no corpo onde este tipo de energia se concentra. Então, eu me pergunto se você trabalha sobre eles e se você mesmo construiu o seu próprio mapa de centros de energia no corpo humano. Pergunto-me se, trabalhando com a voz, você segue essa espécie de mapa, universal para todos.*

MOLIK: Sim, acho que sim.

CAMPO: *Você pode explicar como é?*

MOLIK: Na verdade, não muito. É muito complexo, muito complicado de explicar.

CAMPO: *Você poderia tentar?*

MOLIK: Não, não quero.

CAMPO: *Este é um desenvolvimento do trabalho sobre os ressonadores ou é algo totalmente diferente?*

MOLIK: Não, esta questão dos ressonadores é secundária. Esta é apenas uma coisa secundária, mais externa, não é o objetivo, é muito óbvio. Ressonadores são coisas óbvias.

CAMPO: *Esta é a seção "Ressonadores" da parte "Técnica de Voz" que se encontra no capítulo "O Treinamento do Ator (1959-1962) do* Em Busca de um Teatro Pobre:

A tarefa dos ressonadores fisiológicos é a de amplificar o poder de alcance do som emitido. A sua função é a de comprimir a coluna de ar dentro da parte específica do corpo selecionada como um amplificador para a voz. Subjetivamente, a impressão é a de que se está falando através da parte do corpo em questão – a cabeça, por exemplo, se o ressonador superior estiver sendo utilizado.

[O termo "ressonador" é puramente convencional. Do ponto de vista científico, não foi provado que a pressão subjetiva do ar inspirado para uma determinada parte do corpo (criando, portanto, uma vibração externa no local) faz com que esta área funcione objetivamente como um ressonador. No entanto, é um fato que a pressão subjetiva, junto com o seu sintoma óbvio (a vibração), modifica a voz e o seu poder de emissão.]

Na realidade, existe um número quase infinito de ressonadores, dependendo do controle que o ator possua de seu próprio instrumento físico. Aqui, nos limitaremos a mencionar apenas alguns.

a. O ressonador superior ou da cabeça é o mais empregado no teatro europeu. Tecnicamente, funciona através da pressão do fluxo de ar na parte frontal da cabeça. É possível perceber esse ressonador colocando a mão na parte superior da testa e enunciando a consoante "m"; deve-se ser capaz de sentir uma vibração clara. Em termos gerais, o ressonador superior é utilizado quando falamos em um registro agudo. Subjetivamente, é possível sentir a coluna de ar atravessando, sendo comprimida e finalmente alcançando a parte superior da cabeça. Ao utilizar esse ressonador deve-se ter a sensação de que a boca está situada no topo da cabeça.

b. O ressonador toráxico é conhecido na Europa, embora seja raramente utilizado de forma consciente. Funciona quando se fala em um registro baixo. Para verificar se está ativo, coloque a mão no peito que deve vibrar. Para usá-lo, fale como se a boca estivesse situada no peito.

c. O ressonador nasal também é conhecido na Europa. Funciona automaticamente quando a consoante "n" é pronunciada. Foi abolido injustamente na grande maioria das escolas teatrais. Pode ser explorado para caracterizar certas partes ou até mesmo um personagem.

d. O ressonador da laringe é utilizado no teatro oriental e africano. O som produzido lembra o rugir de animais selvagens. Também é característico de alguns cantores negros de jazz (ex. Louis Armstrong).

e. O ressonador occipital pode ser atingido falando-se em um registro muito alto. Projeta-se o fluxo de ar na direção do ressonador superior e, enquanto se fala em um registro cada vez mais agudo, o fluxo de ar é direcionado para o occipício. Durante o treinamento, é possível atingir esse ressonador produzindo-se um som de miado extremamente agudo. Esse ressonador é comumente utilizado no teatro clássico chinês.

f. Existe, ainda, uma série de ressonadores que os atores muitas vezes usam inconscientemente. Por exemplo, na chamada atuação "intimista", o ressonador maxilar (na parte de trás da mandíbula) passa a ser utilizado. Outros ressonadores podem ser encontrados no abdome e na parte central e inferior da coluna.

g. A possibilidade mais produtiva encontra-se no uso do corpo inteiro como um ressonador. Isto é obtido através do uso simultâneo dos ressonadores da cabeça e do tórax. Tecnicamente, é preciso concentrar a atenção nos ressonadores que não são automaticamente utilizados no momento da fala. Por exemplo, ao falar em um registro agudo, normalmente utiliza-se o ressonador da cabeça. É preciso, portanto, se concentrar e explorar simultaneamente o ressonador toráxico. Nesse caso, "concentrar" significa comprimir a coluna de ar no ressonador inativo. O oposto é necessário quando se fala em um registro grave. Normalmente, utiliza-se o ressonador toráxico, então é preciso se concentrar no ressonador da cabeça. Este ressonador que engaja o corpo todo pode ser definido como ressonador total.

Efeitos interessantes podem ser obtidos pela combinação simultânea de dois ressonadores. O uso simultâneo dos ressonadores occipital e da laringe, por exemplo, produz os efeitos vocais realizados por Yma Sumac em suas famosas canções peruanas. Em alguns casos, pode-se combinar dois ressonadores, fazendo com que um deles funcione como o "solo" e o outro como o "acompanhamento". O ressonador maxilar, por exemplo, pode oferecer o "solo" enquanto o "acompanhamento" uniforme é produzido pelo ressonador toráxico.

Quem escreveu este capítulo do livro?

MOLIK: Grotowski escreveu este capítulo.

CAMPO: *Você teve alguma participação na realização deste capítulo? Ou Grotowski fez tudo por conta própria?*

MOLIK: Acredito que ele fez por conta própria. Por que não?

CAMPO: *Parece estranho, porque você fazia o trabalho e explorou os ressonadores e depois a descrição não foi feita por você. De fato, o capítulo contém partes que você certamente não concordaria. Por exemplo, você afirmou que nunca utilizou o ponto mais alto, o ressonador occipital, pelo menos não da maneira como Grotowski costumava utilizar. Era proveniente da China, que sempre o fascinou. O texto sugere que este tipo de exercício nasceu do treinamento do ator realizado em algumas formas de ópera clássica chinesa.*

MOLIK: Sim, ele costumava brincar com o "Oh-oh", com um ponto no topo da cabeça, que nunca me interessou. Já mencionei em algum lugar que, para mim, o lugar no corpo mais alto para a voz é *la nuque*, a nuca. No alto da nuca é possível fazer o vocalize "Eh!". E isso é tudo. Além dessa possibilidade, você pode utilizar qualquer coisa. Tento utilizar o peito, as costelas, os ombros e, é claro, a parte baixa e mediana do corpo.

CAMPO: *Você acha que a respiração pode envolver todo o corpo, dos pés à cabeça?*

MOLIK: Claro que sim. O corpo todo precisa estar envolvido. Se você está em um processo verdadeiro, o corpo todo deve inspirar e respirar. Tudo, a partir dos pés, o corpo todo. É difícil explicar porque sabemos que para respirar somos organicamente limitados a apenas aquela parte, a parte mediana do corpo. Na prática, o corpo todo deve participar do processo respiratório. Está certo o que você diz, deve vir dos pés, da terra. A energia deve ser buscada na terra.

CAMPO: *Este é um dos motivos pelo qual você trabalha com os pés descalços.*

MOLIK: Sim, também.

CAMPO: *Os taoistas chineses afirmam que podemos respirar a partir do centro das palmas das nossas mãos. Muitas vezes costumo fazer isso, porque funciona. Então sei que existem centros específicos no corpo a partir dos quais podemos respirar.*

MOLIK: Nunca tentei respirar com as palmas das mãos, mas acredito nisso. Os chineses são pessoas muito peculiares e certamente são capazes de fazer isso com as mãos. Nunca tentei, mas talvez seja uma boa maneira de se fazer.

CAMPO: *Também utilizam os pés para conseguir essa energia, coisa que você também faz.*

MOLIK: Sim, utilizo os pés desde o começo.

CAMPO: *O que, especificamente? O centro dos pés ou os pés como conceito?*

MOLIK: Pode-se dizer que utilizo como conceito. Porque não sabemos exatamente de onde vem a energia, de que parte dos pés. Às vezes vem dos calcanhares, outras da parte frontal dos pés. Depende. Mas, de qualquer modo, há uma conexão com a terra. Então eles devem estar vivos e devem ser como condutores. Condutores da energia da terra.

CAMPO: *E a cabeça? Tradicionalmente está conectada com o ar.*

MOLIK: Na minha opinião, a cabeça deve ser eliminada. Nunca é possível eliminar a cabeça completamente, mas sempre tento eliminar a cabeça.

CAMPO: *Não me refiro à inteligência e sim à cabeça fisicamente.*

MOLIK: Sim, fisicamente. A inteligência pode permanecer ali, mas apenas como espírito. Inteligência faz parte do espírito. E tudo que é físico na cabeça deve ser eliminado, a meu ver.

CAMPO: *Chegou a hora de falarmos da voz em relação às ações e aos movimentos. Já discutimos sobre a origem da voz e a maneira como a voz pode ser trabalhada; agora gostaria de saber sobre a relação entre voz, ações e movimentos.*

MOLIK: Só posso afirmar que muita ação não faz bem para a voz. Mas algumas ações são necessárias.

CAMPO: *Você está pensando em algo específico?*

MOLIK: Sim, em um determinado momento você deve ser capaz de realizar a ação, a ação correta do corpo para conquistar o som correto. Mas se você fizer muita coisa, a energia fica dispersa. E a voz fica esvaziada, fica vazia.

Então, deve-se tomar muito cuidado. É preciso ser muito prudente se você precisa de uma grande quantidade de ações. Se você tem muitas ações, precisa ser cuidadoso no sentido de não dispersar a energia e de mantê-la em uma única fonte. Esteja consciente do risco de perder energia quando você realiza muitas ações.

CAMPO: *Então para manter a energia é possível concentrá-la em um único ponto e utilizá-lo como reservatório.*

MOLIK: Para o som, é uma possibilidade. É também necessário o uso reduzido de energia para alguns gestos necessários, se não houver ações. Não disperse a energia para ações e gestos inúteis.

CAMPO: *Existe uma maneira de recarregar a energia do corpo e manter a energia no corpo para quando a voz necessitar?*

MOLIK: O som permite isso, mas às vezes isso está conectado a uma ação concreta, uma ação corporal concreta. Como é possível "carregar" a voz? Quando você precisa levantar um peso, você precisa "carregar" o corpo para fazer isso. Você deve focar, concentrar a energia na parte em que você precisa para criar um som específico.

CAMPO: *Então, a maneira de carregar depende do uso específico da voz que a situação requer. Desse modo, não existe uma única maneira de "carregar".*

MOLIK: Existem milhões de maneiras. Para cada momento, existe uma maneira diferente de carregar.

CAMPO: *Quando dizemos "teatro de pesquisa", que é um termo feio, mas bem comum, o que queremos dizer, o que pesquisamos e por quê?*

MOLIK: Isso depende do que queremos e por que queremos. Muitas vezes não sabemos porque, mas precisamos pesquisar. E não sabemos o que estamos buscando concretamente. Pode também acontecer dessa maneira. Mas, às vezes sabemos muito bem o que queremos encontrar e porque estamos procurando, mas não sabemos como fazer.

CAMPO: *Qual é o valor do grupo em uma pesquisa? Qual é o valor do trabalho em grupo? Se é que existe.*

MOLIK: Existe. Você quer dizer em comparação com a busca individual.

CAMPO: *Grotowski costumava dizer que o teatro de laboratório é um lugar em que podemos nos livrar das armas, em oposição à dura vida cotidiana e na qual usamos armas e máscaras por necessidade. Acho que o teatro de laboratório pode ser um tipo de criação de um novo mundo. Mais precisamente é a condição possível de experimentar um nível diferente de vida.*

MOLIK: Talvez ele quisesse dizer que num lugar como este somos compelidos a pesquisar, mas não somos compelidos a encontrar. Na vida diária, somos compelidos a encontrar alguma coisa. Na forma de um laboratório, somos livres.

CAMPO: *Grotowski costumava criticar o sistema capitalista, o sistema mercantilista e os Estados Unidos, em particular. Ele de fato fugiu dos Estados Unidos e foi para um lugar pobre na Itália, e tudo isso é história conhecida. Sei que você tem uma abordagem semelhante, então gostaria de saber se isto influencia diretamente o seu trabalho. Um exemplo é a crítica radical que você fez a alguns ingleses para quem você teve que dar aula. Isso foi em 1981. Você disse algo bem duro para Jennifer Kumiega, em uma entrevista não publicada sobre estes alunos ingleses que você teve. Você disse que não conseguia trabalhar com eles, que eram piores do que os participantes australianos e até mesmo que os norte-americanos. Gostaria de saber se você mudou sua opinião sobre isso. É muito interessante, porque a sua influência sobre o teatro britânico é bem forte. Todavia, nessa entrevista você afirma claramente que os piores alunos que você já teve foram ingleses ou britânicos. Principalmente os ingleses.*

MOLIK: Não me lembro agora. Talvez tenha sido provocado pela situação ou apenas por um incidente; um dos dois. Talvez tenha sido outra coisa, porque provavelmente aconteceu a primeira vez que trabalhamos com franceses, que são mais abertos e livres. E os ingleses costumavam ser mais duros. Não sei exatamente como dizer, não são abertos. Então acredito que a palavra seja "duro".

CAMPO: *Você acha que a arte é subjetiva ou objetiva?*

MOLIK: Acredito que seja os dois. É objetiva e subjetiva. Como poderia ser de outra maneira? Não, não pode ser de outro jeito. É, ao mesmo tempo, subjetiva e objetiva. Certamente, a arte, a arte pura, até onde eu posso enxergar. é mais subjetiva do que objetiva,

CAMPO: *Você trabalha com muitos elementos; eles aparecem o tempo todo e são muito diferentes. Apesar disso você sempre empurra todos em uma direção específica que é a busca da Vida pura, da Vida real, que, no final, é algo objetivo. Então parece ser um processo linear, do subjetivo para o objetivo.*

MOLIK: Claro, é isso.

CAMPO: *Como sentir a objetividade no fim do processo, quando o trabalho foi concluído e apresentado? É visível para qualquer pessoa ou apenas para aqueles que tiveram uma experiência longa e específica?*

MOLIK: Não vejo nenhum motivo para se preocupar com isso. É importante para nós se é objetivo ou subjetivo? Para mim nunca é importante. Quando faço algo subjetivamente deve ser objetivo no fim. Então, porque me preocupar se o que faço é objetivo ou subjetivo?

CAMPO: *Você acha que o Processo, quero dizer, essa experiência performática específica chamada de "o Processo" ou o trabalho no domínio da Arte como Veículo, que é o seu desenvolvimento natural, transforma o ser humano? Modifica permanentemente o eu interior da pessoa que passa por esta experiência ou é apenas algo temporário? É apenas uma experiência forte de um momento da vida ou é algo que transforma a vida?*

MOLIK: Depende, acontecem as duas coisas. Se a experiência acontece de forma que o mesmo processo é repetido muitas vezes, pode objetivamente mudar a pessoa. Mas se não for, se forem apenas uma ou duas experiências, pode mudar a pessoa apenas temporariamente. Funciona desta maneira.

CAMPO: *Tem um momento antes de começar uma apresentação em que ocorre uma mudança dentro de você, como se fosse um "click". Porque antes você está envolvido na vida cotidiana e depois encontra-se em um nível diferente. Stanislavski trabalhava muito com isso, com essa ideia de "toilette espiritual". O que acontece ali, e o que fazer?*

MOLIK: É a hora em que você deixa para trás tudo que aconteceu durante o dia e começa a abrir um novo espaço na sua cabeça em preparação para uma nova vida que chegará. É se despedir da vida antiga e aguardar a nova vida. Vejo dessa maneira, é bastante simples.

CAMPO: *E o que você faz para se esvaziar?*

MOLIK: Nada. Apenas se acalme, relaxe bem e busque alguma serenidade.

CAMPO: *Então não é necessário fazer um treinamento e um alongamento.*

MOLIK: Isso é outra coisa. Se você precisar, pode fazer um aquecimento, mas não deve ser pesado, deve consistir apenas em um alongamento. Você pode deitar no chão em diferentes posições. Irá depender de como você estava se sentindo antes de começar. Se estiver cansado, pode fazer uns exercícios de relaxamento. Se estiver se sentindo pesado, pode fazer alguma coisa para despertar o corpo. Depende.

CAMPO: *E a voz?*

MOLIK: Para a voz é melhor não fazer. Para a voz, se alguém sentir que é bom, pode fazer um aquecimento algumas horas antes, ao meio dia e no começo da tarde. Logo antes de entrar em cena não é bom.

CAMPO: *Você disse que você e toda a companhia costumavam ficar em silêncio juntos durante vinte ou trinta minutos antes de cada apresentação. Você nunca fez qualquer tipo de ritual teatral como acontece no teatro institucional normal, com gestos e frases típicas. Para você era apenas o silêncio antes de entrar em cena.*

MOLIK: Sim, o silêncio. Era o melhor para nós; fazíamos sempre. No começo era obrigatório e depois se tornou usual. Nós nos acostumamos a ponto de sentir que deveríamos ficar em silêncio. Mas deixou de ser obrigatório.

CAMPO: *Gostaria de saber se você pode descrever alguns exercícios específicos para a voz.*

MOLIK: Sempre mudam, dependendo da ocasião e das circunstâncias em que são feitos. Depende da sala em que se estiver. Se a sala estiver vazia, por exemplo, você receberá um eco. Se for em uma sala pequena, é possível exercitar o canto em volume baixo, mantendo a boca fechada, cantar com a voz grave, etc.

CAMPO: *Com que parte do corpo?*

MOLIK: Com o corpo todo. Movimentando-se a partir da base da coluna, movimentando-se lentamente e de forma circular na parte inferior do corpo, cantando o que for e movimentando o tronco, a espinha, os ombros, as costelas. Apenas isso.

CAMPO: *E sentindo as vibrações se movimentando para cima e para baixo, esta é a ideia.*

MOLIK: Sim. E a partir dos pés muitas vezes. E também no sentido de despertar as pernas e a pélvis.

CAMPO: *E se o espaço for maior, se você estiver em uma sala vazia com eco, como você acabou de dizer?*

MOLIK: Se você continuar interessado, poderá usar os mesmos elementos em um espaço grande também, no sentido de apenas buscar as vibrações, as ressonâncias.

CAMPO: *Com um tom mais alto, um volume mais alto?*

MOLIK: Não. Nunca com o volume alto. Deve-se trabalhar com o nível médio.

CAMPO: *E os exercícios em duplas, com um parceiro ou em grupo? Tem exercícios interessantes que podem ser realizados com grupos.*

MOLIK: Sim, posso te contar muitas histórias. Mas você bem sabe que tenho o "Alfabeto do Corpo". Isso significa que existem aproximadamente trinta ações a partir das quais construí um tipo de linguagem corporal. Você deve decorar estas ações e depois improvisar a Vida com elas. Durante meia hora do aquecimento você cria a Vida com estas ações, junto com os outros. As pessoas que trabalham comigo decoram em dois dias. Devem decorar estas ações com as quais devem depois construir frases inteiras e o discurso do corpo. Vivem assim, se movimentam usando estas ações. Como é que poderia ser diferente? Eles utilizam estas ações.

CAMPO: *No meu filme sobre o "Alfabeto do Corpo", as ações são muito bem executadas e analisadas, mas ainda é um trabalho individual. A partir dos outros vídeos realizados com grupos,* Acting Therapy *e* Dyrygent (Maestro), *não há como apreender as ações; o conceito está claro, mas as ações não estão.*

MOLIK: Sim, é difícil, porque a partir destas ações, posteriormente a Vida é construída. Lá você enxerga apenas silhuetas que se movimentam e que parecem mudar muito, mas se você se aproximar, verá que eles realizam ações o tempo todo, com os braços, com as mãos, com a pélvis, com as pernas, com tudo. O "Alfabeto do Corpo" está plenamente presente mesmo nesses filmes. Toda ação tem desenho preciso. Darei a você uma descrição de algumas sequências, por exemplo, o puxar. Primeiramente, puxo o corpo de um parceiro usando os dois braços e depois faço isso em etapas e, em seguida, troco de dupla e a maneira de puxar, faço lateralmente, de um lado para o outro e depois para frente. Logo após mudo de exercício, levanto os braços ritmicamente como se fossem asas, como se estivesse voando. E depois faço o mesmo em etapas, mudando de parceiro, mudando de direção. Depois movimento os braços fazendo rotação com os ombros. Em seguida, faço rotações com a cabeça e trabalho com a cabeça, ritmicamente coordenando estes movimentos com os impulsos que elevam-se a partir do meu peito. Existem trinta e cinco ações diferentes, considerando algumas outras ações intermediárias necessárias para passar de uma para a outra. Algumas são mais complicadas, como puxar o sino. Algumas pessoas fizeram uma lista com alguns comentários, mas com muitos erros, muitas falhas. Por exemplo, ao invés de indicar que se deve subir, indicaram que se deve descer. O oposto. Lembro que uma menina fez uma vez, há uns cinco anos, e foi terrível. Tudo era o oposto, ao invés de "para cima" colocou "para baixo" e assim por diante. A maneira de respirar é um outro exemplo. Porque não se trata apenas de braços, pés ou mãos, é complexo. É difícil de mostrar, de desenhar e de escrever sobre. Tenho medo e os resultados sempre deixam a desejar. São exercícios muito simples. Simples de fazer, de sentir, mas não de falar sobre. O problema das minhas oficinas é que não tem ninguém para dar continuidade ao trabalho, com exceção de Jorge Parente, de Portugal, que mora em Paris. Ele será meu sucessor, pois domina tudo com precisão. Ele conseguiu, tentou sozinho e deu certo. Está tudo bem. Então *nomo nis moriar*. Não morrerei totalmente. Deixarei um sucessor. Não se trata apenas do Alfabeto, mas também de um trabalho que ele vem fazendo com a voz com um coro gregoriano e o seu trabalho individual com cada pessoa. Ele segue o meu método de trabalho com competência. Esta é a estrutura básica da oficina de Voz e Corpo: cada um tem o seu texto e a sua música e encontram a Vida depois de passar pela experiência do "Alfabeto do Corpo". Esperam por um momento especial e tentam fazer alguma coisa, mas apenas eu sei o que deve ser dito a eles. Porque é complexo: Alfabeto, voz, músicas, etc. E então fazem isso, primeiro de forma individual e depois em grupo, com Vida plena, voz e corpo.

CAMPO: *Você tem mais algum comentário em relação ao filme que fiz em Paris com Jorge Parente?*

MOLIK: No começo ele deveria ser mais fluente, sem paradas.

CAMPO: *Uma sequência normal pode começar com Puxar e Empurrar como ele fez.*

MOLIK: Sim. E depois Ação de Lançar. Em seguida, o movimento com a cabeça, aquele exercício com o peito e o pescoço, que é importante para abrir a laringe.

CAMPO: *E o pescoço funciona independentemente do resto do corpo.*

MOLIK: Sim. Você deve trabalhar apenas com aquele ponto no pescoço para apenas abri-lo, abaixar a laringe e abri-la. No outro movimento, Tocar no Céu, temos que concentrar nossa atenção nos cotovelos, que devem estar esticados, deve-se ter o cuidado de não flexioná-los.

CAMPO: *Para fazer a curva do corpo com eles, para que a coluna possa ser plena e corretamente alongada.*

MOLIK: Sim. Acessar energia a partir dos pés e depois, paf! Para o alto. Depois, no exercício seguinte, subindo e descendo, a parte superior do corpo, o peito, o tronco, não deve ser muito alto, 45 graus é o ideal. Depois, Puxar o Sino deve ser feito duas ou três vezes, no chão, como um barco. Deve ser preciso a cada vez: paf, paf, paf.

CAMPO: *Isso é feito principalmente para as costas.*

MOLIK: Depois as borboletas, que estão buscando a flor certa para pousar e observam o que está acontecendo ao redor delas.

CAMPO: *Então as imagens têm uma função importante, são uma parte imensa deste trabalho.*

MOLIK: Sim, é claro. Nada é mecânico. Tudo deve estar conectado com a Vida real. Como o que vem depois: Voar.

CAMPO: *É preciso horas de trabalho para ter um resultado como esse.*

MOLIK: Sim. Como Jorge Parente, que fez muitas sessões comigo, talvez dez. Oficinas completas, ele é meu assistente oficial. Dei a ele um diploma oficial para conferir a ele o *status* de mestre. E ele o é, verdadeiramente. Em seguida, vem a Cobra, que olha por cima da grama, procurando o que comer. Os quadris estão conectados com o chão e o peito sobe e faz uma rotação.

CAMPO: *O corpo se prepara para fazer alguma coisa. Do fim da coluna para a parte superior.*

MOLIK: Sim, ele sobe. Depois vem o Atirar para o Céu com os braços. Aqui, a energia vem da parte posterior dos quadris. Mas, mesmo tempo que você alonga o braço, tocando no céu com a mão. Depois, vem o Jogo com os pés.

CAMPO: *Este é um ótimo exercício porque ajuda a memória também.*

MOLIK: Trabalha primeiramente com os músculos do abdome.

CAMPO: *Mas também trabalha com a memória porque de certa maneira coloca você em uma condição criativa muito específica.*

MOLIK: Sim, coloca a ação na Vida real. Quando você trabalha no espaço e caminha, colocando um pé na frente do outro, um na frente do outro, e assim por diante, isso acaba seguindo de forma orgânica. Não se antecipa o que acontecerá depois.

CAMPO: *Você está presente no momento. Isso gera consciência.*

MOLIK: Sim, de fato. Depois com o Caminhar para ver atrás de você, você alonga os músculos da virilha.

CAMPO: *Aqui a torção do tronco também ajuda a abrir a voz.*

MOLIK: Sim, tudo é concebido para servir à voz. Todos os exercícios são feitos para servir à voz. Concebi todo o "Alfabeto do Corpo" dessa maneira.

CAMPO: *Esse é o resultado de muitos anos de pesquisa sua. Acredito que aconteceu desta maneira: algumas vezes durante o seu trabalho, em diferentes fases, você encontrou e experimentou coisas excepcionalmente úteis e eficazes e depois colocou no Alfabeto.*

MOLIK: Sim, exatamente, porque não tem nada a ver com ginástica ou mesmo com pantomima. Embora, alguns elementos tenham vindo da pantomima. A Caminhada Perto da Água, por exemplo, é proveniente da pantomima, mas é executada de maneira que o trabalho acontece, essencialmente, nos quadris, porque o som deve ser acessado na base da coluna vertebral. Ao braços não devem estar muito altos, mas no nível dos quadris. Então tudo deve estar constantemente voltado para esse propósito. Outros, como o Correr no ponto fixo, são concebidos para mover o corpo, para relaxar todos os músculos, de forma que nada seja feito a força, apenas organicamente, como puf, puf, puf. Depois, o Diálogo do Quadril com a Parede. Trata-se de uma tentativa, porque é impossível encostar na parede com a pélvis e com os quadris se a posição é realizada de forma correta. Os cotovelos não devem estar muito flexionados, e sim estendidos de forma que você possa manter a distância certa dos braços, que não é muito perto da parede, de forma que você possa se movimentar e fazer rotação com o corpo. Daí, Pular no Espaço todo, não em torno, mas atravessando o espaço. Depois, Brincar com a Pipa.

CAMPO: *O que é esse exercício exatamente?*

MOLIK: A pipa. A pipa está no céu e brinca com o vento. E você brinca com a pipa. É uma ação suave, não é uma ação forte e plena. Trata-se de simplesmente entregar-se todo ao vento.

CAMPO: *Sei que é muito importante, trabalhei intensivamente com Rena Mirecka. Ela sempre faz com que você conecte a sua mente, o seu corpo, as emoções e mais alguma coisa. Trabalhar com ela é uma experiência incrível, que envolve todos os aspectos do seu ser. Então, após apresentar o Alfabeto inteiro, você pode fazer uma montagem física dos movimentos.*

MOLIK: Sim. Primeiro você deve começar devagar e depois acelerar. E você entra na água, por exemplo, ou em um território desconhecido em que se busca um caminho, onde pode-se ir, já que não se sabe aonde ir. Então você olha para onde pode avançar, vai em frente, faz um esforço, ou se coloca na água até os quadris, sentindo a pressão da água. Você tem as suas próprias imagens, por exemplo, puxar pode ser lutar com um cavalo, talvez, quem sabe, ou com cipós, as plantas aquáticas. E depois tentar voar. Isso geralmente é feito em todo o espaço, com todas as pessoas debaixo do mesmo teto. Costumo dizer: "Procure voar mais alto do que teto, para além desse espaço".

CAMPO: *A presença de outros participantes influencia nos seus movimentos.*

MOLIK: É claro. Mas de qualquer forma, no vídeo que você dirigiu, observamos Jorge Parente fazendo movimentos precisos, até mesmo quando está sozinho. Ele poderia se movimentar de maneira confusa e não fazer nada, mas não, ele acessa a energia dos pés e do corpo todo e tudo é orgânico.

CAMPO: *Às vezes vejo expressões específicas em seu rosto. Fazem parte dos movimentos?*

MOLIK: De certa maneira, sim, porque ele está em algum lugar, em outro mundo. Agora existe um outro mundo para ele, algo está chegando até ele e ele busca a reação certa para essa nova situação.

CAMPO: *Na improvisação, ele faz uma montagem interessante, porque todas as vezes que ele entra na posição seguinte, de forma muito suave, ele ainda está finalizando as posições anteriores.*

MOLIK: Sim, às vezes você é capaz de ver nos olhos dele o que ele fará em seguida, porque ele nunca para. Ele apenas pensa no que pode ser agora e vai em busca disso. A energia continua. Sim, ele não tem um diploma à toa. Ele é realmente capaz de fazer. Assisti ao vídeo com muito prazer. E na parte da improvisação vocal, fica visível a maneira com que ele acessa o som na base da coluna.

CAMPO: *Sim, e como a voz muda com os diferentes movimentos e como influenciam o som. Algo de interessante aconteceu quando Heather, a técnica de vídeo, e eu estávamos gravando. Inicialmente, fizemos uma passagem de som, ela estava com os fones de ouvido e estávamos escutan-*

do o que ele estava fazendo. Quando ele começou a se movimentar e a se alongar, a qualidade do som começou a mudar de forma distinta e começamos a ouvir as ressonâncias distintas na voz. Isso não estava presente no início e porque não estávamos preparados para o que iria acontecer, tivemos que fazer uma segunda gravação, já que estavam acontecendo distorções no volume. Ele não estava gritando ou projetando a voz, mas estava gerando tanta energia e as ressonâncias da sua voz eram tão poderosas que os níveis estabelecidos no som da gravação geravam distorção. Era tão poderoso que tivemos que regravar tudo. Foi muito interessante, porque não sabíamos que iria acontecer isso e tudo o que foi gravado simplesmente vibrava. Foi incrível. E não é uma questão de volume e sim de intensidade. Não era uma questão de volume. Éramos capazes de discernir que aquilo não estava se originando a partir dos órgãos vocais e sim dos seus pés. Ressoava primeiramente da cabeça e depois passou a ressoar a partir do corpo todo. Tudo estava relacionado com seus movimentos, provinha dos seus movimentos, você podia ouvir as mudanças. Foi bem impressionante.

MOLIK: Porque ele estava na própria viagem. Não estava meramente cantando palavras sem importância, naquele momento a sua Vida estava desperta. Ele expressava a sua Vida, não apenas a melodia, que não é significante. É impessoal. É interessante porque ele começou a cantar há apenas alguns anos. Antes ele não conseguia cantar porque não encontrava algo que expressasse a Vida. Com a voz ele não tinha problemas. Ele tinha problemas para encontrar a música que queria cantar.

CAMPO: *Então ele desenvolveu suas habilidades com os movimentos e esta competência de forma conjunta.*

MOLIK: Sim.

CAMPO: *O que é particularmente interessante é a transmissão da experiência, que em um sentido maior significa um trabalho pessoal sobre a sua própria mente, que poderia vir a se tornar um tipo de transmissão de conhecimento.*

MOLIK: Sim. E no caso de Jorge Parente foi benfeito, devo dizer. E, de qualquer forma, este tipo de trabalho é bem distante do que Cieslak costumava fazer com seus exercícios. Porque tudo naqueles exercícios era extremamente forçado como é possível observar no famoso filme sobre seu treinamento no Odin Teatret.[3] E no seu filme com o Jorge nada é forçado, tudo flui, é fluente. Os exercícios com Cieslak eram muito baseados na ginástica, alguns eram muito difíceis e não eram para pessoas normais. E aqui, no "Alfabeto do Corpo", tudo é para pessoas normais.

CAMPO: *Sim, para todos. Parece que qualquer um pode fazer, mas é claro que a qualidade varia.*

MOLIK: Sim, mas não é apenas aparência. É real, porque depois as pessoas de fato fazem estas coisas. Talvez não façam com muita competência, porque Jorge já é profissional, mas, de qualquer maneira, fazem, todos tentam fazer a mesma coisa. Não demanda força e nem ginástica. Você é um ser humano, tudo o que precisa é

---

[3] *Treinando no Teatr Laboratorium em Wroclaw*, dirigido por Torgeir Wethal, produzido por Odin Teatret Film, 1972.

um organismo normal e é, portanto, capaz de fazer os exercícios presentes no filme, mesmo aqueles que parecem mais difíceis. Talvez não com muita qualidade, mas todos são capazes de fazer.

CAMPO: *Estou pensando em imitação e invenção, em como seguir um mestre. Esta é provavelmente a única maneira de aprender na prática a arte do ator, principalmente nos nossos tempos, já que os lugares de treinamento estão infestados com estas abordagens pós-modernas, como os "estudos da performance", teorias pós--dramáticas e outras modas acadêmicas que têm como consequência o desaparecimento gradual da pesquisa específica acerca da nossa arte, tanto na teoria quanto na prática. Agora qualquer tipo da chamada "performance" é facilmente aceita e substitui o teatro em quase todos os lugares. Experiências grotowskianas como o Parateatro, o Teatro das Fontes e assim por diante, mesmo que distantes do teatro e da arte do ator ou do performer, estavam sempre, de certa maneira, conectadas com isso, e, de qualquer forma, nunca se opunham, mas sim acompanhavam os interesses dele na arte do teatro. Ele foi além ou esteve ao lado do teatro, integrando-o através da exploração total da aventura humana, estudando as "técnicas originais", as necessidades que constituem o teatro; foi o que ele fez com diferentes colaboradores e em diferentes projetos. Conceitos grotowskianos como o "princípio da sincronicidade" em oposição à estrutura de causa e efeito na realização de uma ação ou a "consciência transparente", que inclui o corpo e o movimento, mas com a "perda do ego" para um tipo de renascimento para uma vida nova, também pode ser experienciada pelo performer em algumas circunstâncias especiais. Então a questão ainda é a tradição que, de fato significa literalmente transmissão. É claro que Grotowski nunca foi ortodoxo com isso e, muitas vezes, dizia que preferia os "outsiders", os rebeldes que devem conquistar o conhecimento quando se sentem diferentes ou mesmo amaldiçoados pelos outros. Então esta pesquisa sempre trava uma relação direta, pessoal e prática com o desconhecido, e as tradições escolhidas sempre tiveram um elemento de oposição e tensão regenerativa em relação ao contexto da cultura oficial. Aqui estamos na região das culturas não ortodoxas ou das tradições ocultas a que pertence a arte do performer que o próprio Grotowski recuperou depois de todas estas explorações. A questão é a diferença entre a transmissão horizontal da cultura (a institucionalizada), que oferece um corpo de ideias controlado, homogêneo e passível de reprodução, e a cultura vertical, que envolve uma relação orgânica entre o mestre e o aprendiz. O problema reside em como manter essa tradição viva, como é possível não imitar, mas ainda ser criativo, estando presente no trabalho, não apenas como cópia, como reprodução de algo e ou de alguém.*

MOLIK: Sim, podemos considerar esta questão nestes termos, é muito inteligente. Creio que a resposta está na consideração que Grotowski fez sobre Eugenio Barba, que o traiu de forma bem feita. Apenas isso.

CAMPO: *Acredito que a transmissão direta da experiência possa se tornar conhecimento e, principalmente, no teatro, exista apenas como uma conexão entre a teoria e a prática em uma relação dialética sobre formas e princípios. Como é que isso funciona para você?*

MOLIK: Acredito que deve acontecer naturalmente. Se estamos juntos durante um, dois, três ou cinco dias, a transmissão deve acontecer de forma natural. E de que outra maneira poderia acontecer? De forma consciente? Não posso fazer de maneira consciente. Faço junto com o aluno. Juntos, e assim acontece a troca. É o que estamos fazendo agora, estou doando alguma coisa e você está doando de volta para mim. E o processo é assim, é mútuo e caminha dessa forma. Tento não ensinar, não sou professor, sou como um guia e tento guiar alguém, mostrar um caminho, uma estrada. E é apenas isso, ele tenta me seguir, responder para mim, e a transmissão segue desse jeito. Não é que explico muito e o pupilo fica cada vez mais inteligente, porque não é o propósito da nossa relação.

CAMPO: *Para Grotowski, o problema dessa transmissão sempre é central, ele procurou a conexão com Stanislavski através de seu discípulo. De acordo com Stanislavski, não é possível ensinar, é apenas possível aprender, caso você seja um bom ladrão. Tecnicamente, não é possível transmitir uma coisa. É um desafio pessoal, no fim.*

MOLIK: De qualquer forma, pode ser feito, como evidencia o nível da apresentação no vídeo realizado por você. Tudo é OK. Para mim, é assim. Posso afirmar isso porque fiz alguns filmes e nada é claro desta maneira, nada. Como você disse, um é o *Acting Therapy* e o outro, o último, é o *Dyrygent (Maestro)*. Fiz com grupos e o resultado é confuso. Nestes dois filmes que fiz, apenas algumas partes são interessantes, alguns momentos.

CAMPO: *O que é valioso nestes filmes é que lá você enxerga o grupo trabalhando como um todo, e você geralmente trabalha com um grupo.*

MOLIK: Sim.

CAMPO: *Podem nos ajudar a entender a progressão do trabalho, a estrutura da oficina, por exemplo. Porque se assistimos a meu vídeo e depois aos filmes com os grupos, teremos uma ideia da sequência do trabalho.*

MOLIK: Sim, este vídeo que você fez é material científico, e, de qualquer maneira, tudo é bem orgânico ali. O que quero dizer é que o modelo é muito orgânico.

CAMPO: *É interessante o que Jorge me disse enquanto estávamos gravando o "Alfabeto do Corpo". Ele me disse: "Preciso atuar como Molik, dando as instruções, ou como participante, tendo que seguir as instruções?". Então dei a ele indicações mais precisas e ele fez os dois. Na primeira parte, ele atua como você, demonstrando os movimentos que devem ser seguidos pelos participantes imaginários e, na segunda parte, ele atua como um participante trabalhando com eles. É claro que existem outras etapas no trabalho com os participantes. Esta é uma síntese do trabalho.*

MOLIK: Sim, porque daí você tem que encontrar a sua Vida pessoal, e depois você deve juntar com o texto e isto, devo dizer, é uma outra coisa. Por exemplo, esta Vida que Jorge estava cantando, em certas circunstâncias pode ser entoada com um texto ao invés do som aberto que ele fez para o filme. Requer apenas algumas adaptações, mas o desenho geral pode ser o mesmo. Pode expressar-se com energia, ressonância, melodia e música. Quando digo música, quero dizer a música desta Vida, a criação pessoal, a música com o texto, não apenas a melodia. Deve ser como uma música, como ele cantava no filme. O que Jorge mostrou era como uma música, mas a fala deve ser a mesma, como na música. O próximo passo é adaptar o grande monólogo dentro desta música. A expressão, entretanto, é bem diferente. Não pode ser brando, deve se basear nas emoções pessoais. Depois tem as diferentes etapas desta jornada. Não pode ser sempre o mesmo, como Jorge estava cantando. Aquilo era mais ou menos a mesma coisa, era apenas uma tentativa de improviso de uma determinada música, em busca da natureza ou para a natureza ou da natureza ou algo assim. Mas quando a Vida é encontrada, quando é mais pessoal, então isso é tudo. Você nunca sabe quanto você terá que dar. Você deve encontrar o ponto em que toca o impossível e, então, dar tudo. Não quero dizer que se deve forçar a voz e sim se doar por completo. Você deve ser assim. Todo o seu coração deve estar presente nisso.

CAMPO: *Completamente imerso no que você está fazendo. Totalmente envolvido.*

MOLIK: Sim, você deve estar totalmente envolvido com isto, com esta Vida. E nesta Vida, você vive apenas o texto, ao invés de dizer alguma coisa.

CAMPO: *E como a memória está envolvida neste processo? Refiro-me à memória pessoal e a outros tipos de memória.*

MOLIK: Em parte pelo cérebro e em parte pelo corpo.

CAMPO: *Naturalmente então. Simplesmente chega. Em determinado momento, a memória chega.*

MOLIK: Sim, quando a Vida é encontrada durante as improvisações, o corpo, logo em seguida, traz memórias para o seu cérebro. O que você vê Jorge fazendo era uma Vida bem simples, era como a vida simples de uma planta. É como uma grande árvore. Aconteciam movimentos muito lentos dos galhos e era apenas isso. Mas não havia tempestade ali, nem chuva, era como estar em uma colina durante uma tarde agradável e cantando para o espaço circundante. Mas nada aconteceu nesta Vida. Entretanto, quando uma grande tempestade ou algo assim chega, algo forte que você não suporta, como o mais forte raio de sol, quando estamos quase queimando, aí sim, é uma Vida bem diferente.

Imagens do alfabeto do corpo

1. Imagens de Jorge Parente executando o Alfabeto do Corpo.
Do filme O *Alfabeto do Corpo de Zygmunt Molik*. Puxar

Imagens do Alfabeto do Corpo 135

2. Ação de lançar

3. Empurrar para frente e para o lado

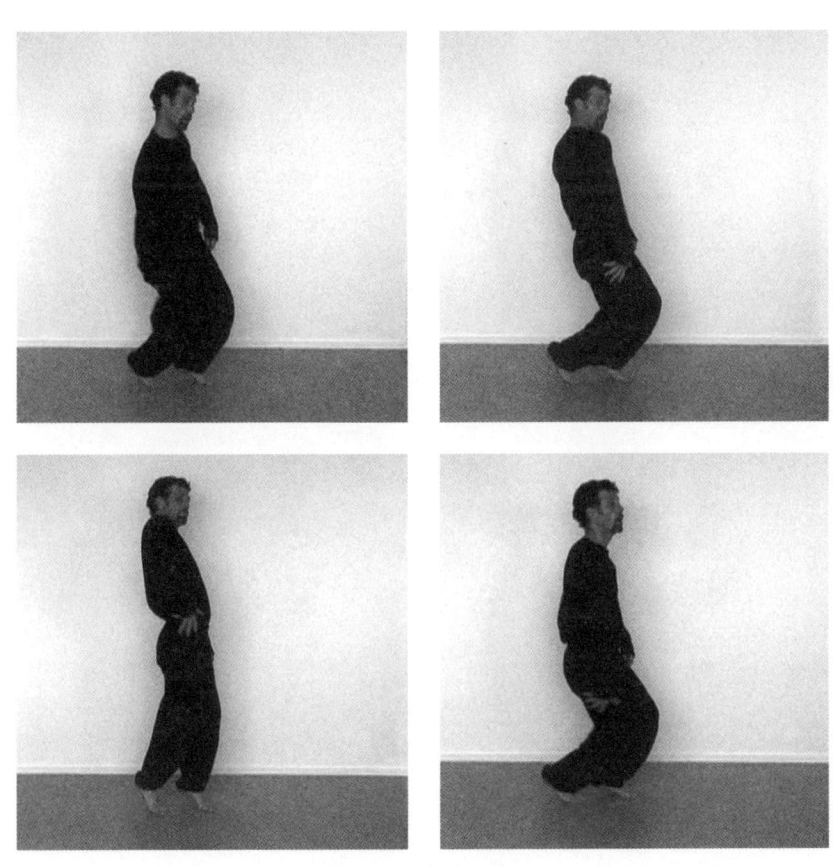

4. Rotação dos ombros

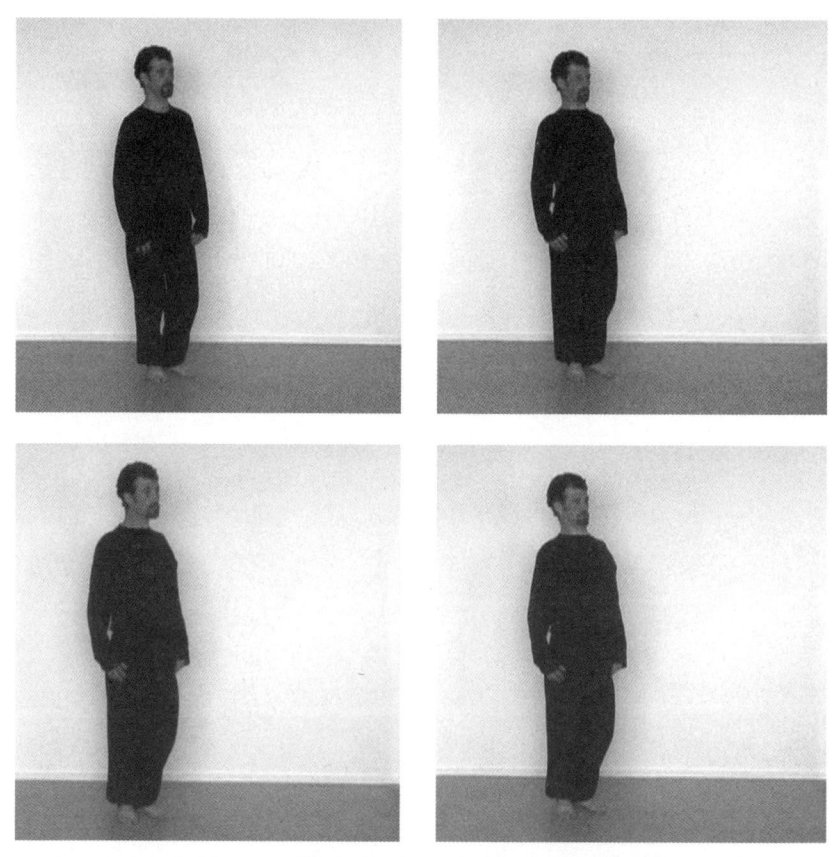

5. Abertura do plexo. A partir da nuca, para trás,
queixo para frente e para trás e depois relaxa

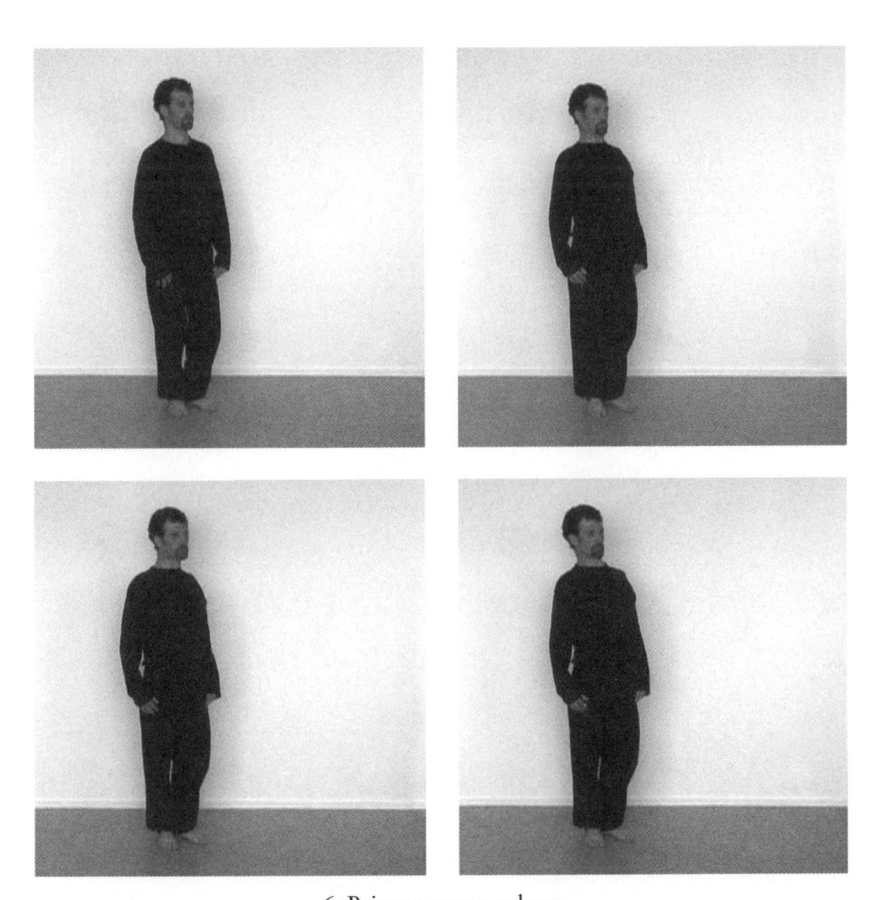

6. Brincar com a cabeça

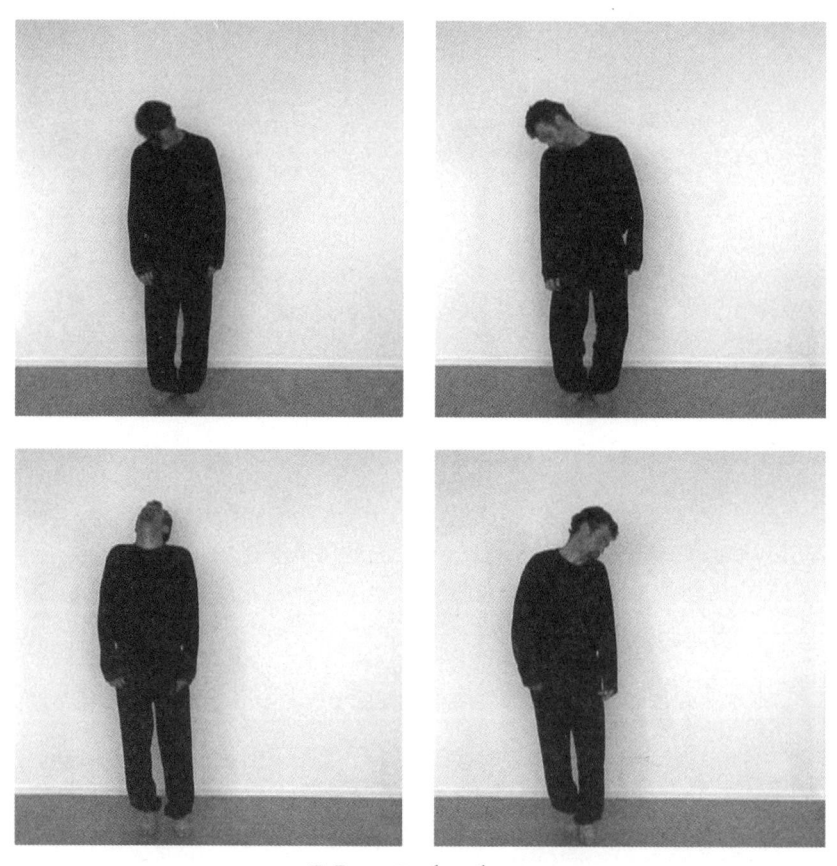

7. Rotação da cabeça

8. Um parceiro desconhecido no chão: abrir totalmente os braços, tudo está aberto, as mãos vão à procura de algo que está no chão, Ao tocá-lo, há uma súbita reação

9. Tocar o céu

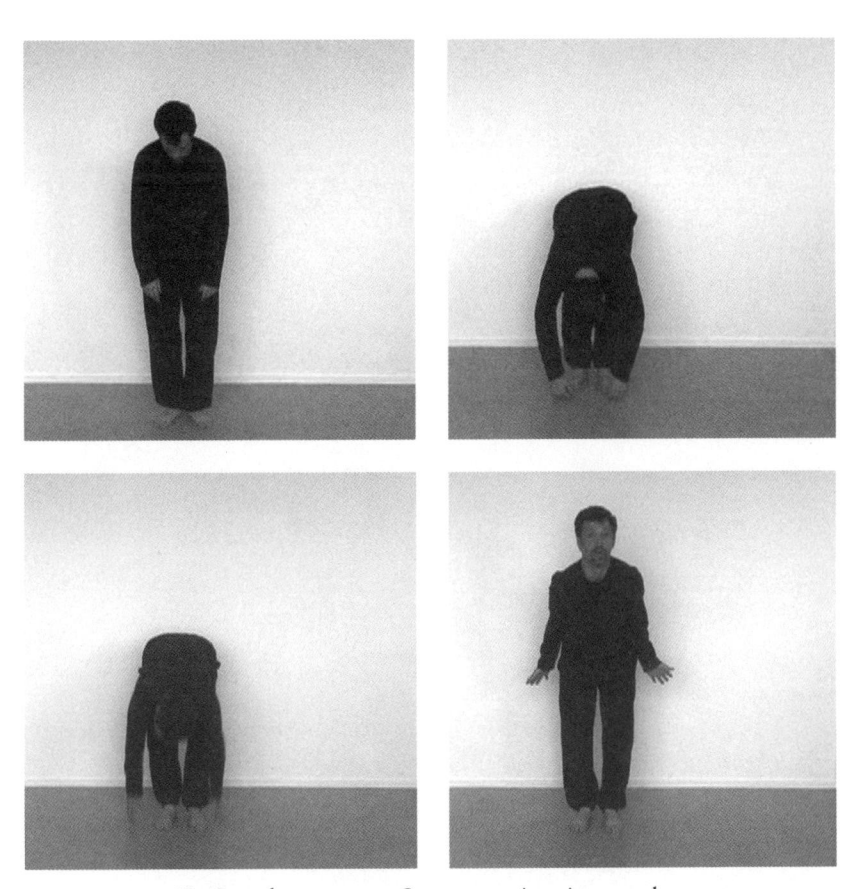

10. Grande cansaço... O corpo está muito pesado...

11. Puxar o sino

12. Borboleta procurando uma flor para pousar

13. Voar

14. Cobra

15. Lançar

Imagens do Alfabeto do Corpo   149

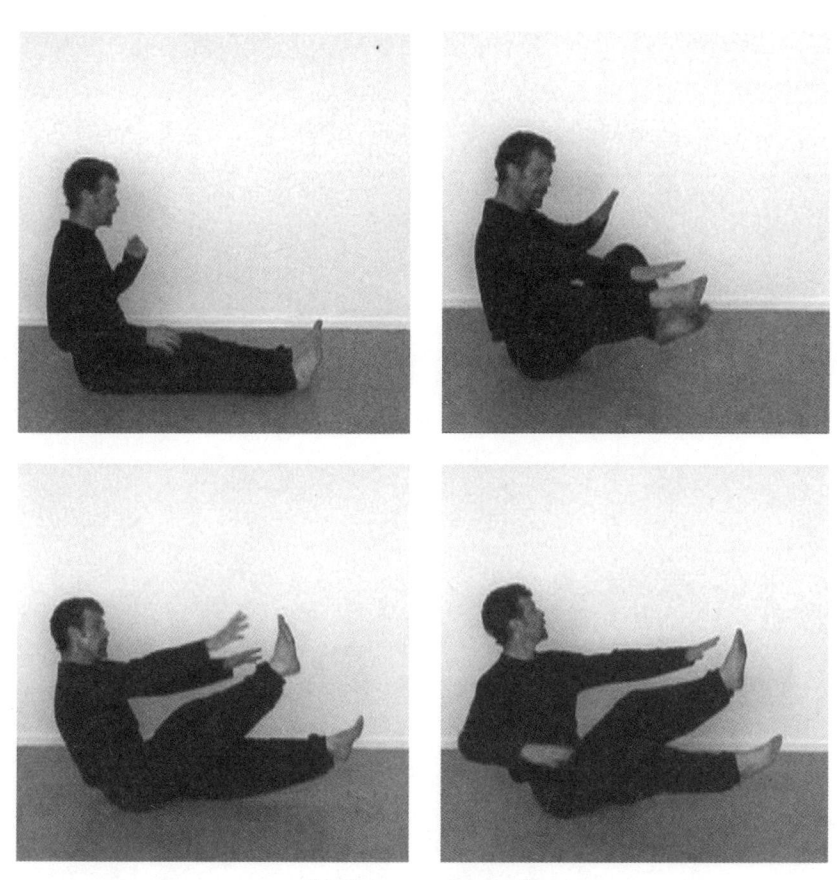

16. Brincar com os pés

17. A grama reagindo ao vento

18. Alcançar algo atrás de você

19. Andar sem sair do lugar

Imagens do Alfabeto do Corpo 153

20. Abrir caminho na água

21. Correr sem sair do lugar

Imagens do Alfabeto do Corpo 155

22. Diálogo do quadril com a parede

23. Estirar o corpo durante a caminhada

24. Brincar com a pipa

25. Mais ações do Alfabeto do Corpo executadas por Giuliano Campo.
Abrir o peito

26. Caminhar livremente, observando galhos e segurando-os

27. No chão, chutar para trás

Sexto dia

O TEXTO | DIFERENÇAS ORGÂNICAS E CULTURAIS
| A VOZ COMO VEÍCULO

CAMPO: *Deve haver uma razão que rege a nossa escolha por expressar uma coisa ao invés de outra. A ética da estética então, manifestando a natureza da escolha de uma forma específica que usamos para expressar algo. Gostaria de investigar se em sua maneira de fazer, na sua poética, existe um espécie de padrão. Para mim, é claro que as suas escolhas são guiadas por algo específico. Em todos os seus passos, há algo que permanece, que continua.*

MOLIK: Gostaria de deslocar sua indagação para algumas considerações práticas. Gosto de trabalhar com os textos de Shakespeare. É isso que posso dizer em relação à poética. Para mim, Shakespeare é um grande poeta, independentemente dos seus lindos sonetos. Seus monólogos são uma fonte de material inesgotável para os atores. Lembro, por exemplo, da vez que levei *Ricardo III* enquanto trabalhava com dezesseis pessoas e pedi que escolhessem monólogos desta peça. Havia monólogos suficientes para todos, meninas e meninos.

CAMPO: *Mas em termos de concepção do trabalho em sua abordagem, tem muita coisa acontecendo para além do texto. A busca da Vida, por exemplo. Como conciliar estas duas coisas?*

MOLIK: Como conciliar? Bom, em termos práticos, durante o treinamento também temos um tempo destinado para a busca da Vida. Após quinze, vinte minutos de treino, temos um tempo livre em que todos começam a buscar a Vida. Algo de importante acontece quando alguém encontra a Vida interessante. A Vida interessante para mim é o chamado "encontro com o desconhecido". Então, durante o treinamento, o participante encontra um parceiro que se apresenta para ele no espaço, em algum lugar da parede, por exemplo. E ele permanece durante três, quatro minutos com este parceiro imaginário, que nesse momento está se tornando um verdadeiro parceiro. Suas ações são muito reais, muito vivas, suas reações e ações são muito reais e nesse momento a Vida real do seu corpo está sendo criada. Quando vislumbro esse momento, peço ao participante que retorne a esse momento e tente reconstruí-lo. Com minha ajuda, geralmente funciona. Ele é capaz de reconstruir os três minutos de treinamento em que encontrou o parceiro que se apresentou para ele. Não é sempre necessário que exista um parceiro, mas é este o momento; ele encontrou um momento de sua vida passada e reage a ele como se fosse uma vida nova. Nesse momento, ele pode sonhar, viver o onírico daquela vida, ou ter apenas um *souvenir* daquilo, uma lembrança de algo. Em seguida, nos concentramos no momento escolhido e peço que ele cante esta Vida, improvise uma música a partir desta Vida, ou se está muito claro, evidente, óbvio, peço imediatamente que ele tente falar o seu texto com aquela Vida, imediatamente, sem passar pela etapa do canto. E desta maneira é formada a primeira versão da primeira estrutura para o monólogo. Às vezes, a sua Vida e o seu texto combinam muito e às vezes a Vida está muito distante do texto. Aparentemente pode parecer estar longe, mas, depois de algum trabalho, pode vir a ser uma boa combinação. Então vivenciamos este momento interessante de busca do desconhecido. O encontro com o desconhecido durante o treinamento. Posteriormente, torna-se uma estrutura para o monólogo por meio do trabalho individual. Facilmente acontece de determinada pessoa não seguir o sentido do texto, mas segue esta Vida que foi descoberta no treinamento através do encontro com o desconhecido. E a partir desta Vida, ela oferece seu monólogo. É claro que ele precisa perceber que o texto deve ser claro, bem articulado e assim por diante, mas a sua lógica não provém do texto e sim da Vida. A partir da Vida pessoal que pode vir a estar muito distante do texto. E mesmo assim, apresenta um bom entrelaçamento com o texto.

CAMPO: *Mas a escolha não pode ser casual. O texto e a Vida precisam de algumas conexões para gerar uma expressão verdadeira.*

MOLIK: Não, não necessariamente.

CAMPO: *Então podem estar conectados de forma aleatória?*

MOLIK: Esta Vida pode ser bem estranha em relação ao texto.

CAMPO: *Posso dizer que já assisti aos maiores atores de nossa época usando um texto qualquer e depois exercitando algo fisicamente, criando formas e depois unindo tudo isso. Ou vice-versa. Pode funcionar para o espectador, mas ainda tem algo estranho nisso, que não é realmente orgânico.*

MOLIK: Sim, sei o que você quer dizer, mas meu trabalho não é assim. Você está apontando alguns tipos de experimentos que podem ser feitos. Você pode fazer qualquer coisa com movimentos e palavras, você pode traduzir algo para ações físicas, por exemplo, ou recitar números, números de telefone, o que for. Meu trabalho é bem diferente; não, não é assim. Porque a Vida, nesse caso, é bem real. Foi encontrada e vivenciada e depois cantada; esta Vida foi expressa através da música e mais tarde é modificada; o som pode ser substituído pelo texto. Ele agora articula o som com palavras de um monólogo.

CAMPO: *Então o texto é encarnado. Afinal de contas, posso vislumbrar a existência de uma conexão no nível do sentido, mesmo que não seja explícito. Conecta a verdade da Vida com um tipo de verdade universal expressa por meio dos monólogos que você escolhe, como monólogos shakespeareanos. E os monólogos devem ser cuidadosamente escolhidos.*

MOLIK: Sim, é claro.

CAMPO: *Isso é muito importante, porque acontecem muitos mal-entendidos acerca do trabalho sobre ações físicas, como, por exemplo, o trabalho de Meyerhold, que trabalhava com diferentes partes das expressões e depois construía uma montagem. Deve haver conexões, mesmo se não são evidentes ou não usam uma lógica comum. Senão, será apenas um exercício formalista, pode funcionar para o espectador, mas não para si mesmo.*

MOLIK: Sim. E não é isso.

CAMPO: *Isso faz com que eu reflita sobre a verdade e a essência do teatro. São a mesma coisa?*

MOLIK: Não. Existem diferentes tipos de verdade, e a essência é única.

CAMPO: *Essa é uma consideração muito interessante.*

MOLIK: Todos possuem espaço para refletir sobre o que eu disse.

CAMPO: *Parece um* koan, *as composições filosóficas zen budistas. Algo que te empurra para a reflexão. Você não recebe uma resposta do* koan, *você precisa apenas pensar sobre ele.*

MOLIK: Exatamente. Esse tipo de expressão funciona melhor para os participantes. Porque não estão cercados, tudo está aberto ali. É engraçado, porque às vezes funciona muito bem quando digo algo que sei muito bem que eles não podem compreender. E deixo assim, abro a porta e faço apenas isso. E também é claro que não sei que portas são.

CAMPO: *Agora me ocorre outras três palavras: simplicidade, complexidade ou facilidade, algo fácil. Muitas vezes é difícil enxergar a diferença entre algo simples e algo fácil. Ou até mesmo entre algo simples e algo complexo. É difícil estar ciente das diferenças e das similaridades, mas isto é essencial para o trabalho sobre si.*

MOLIK: Tudo é complexo, até mesmo a simplicidade é complexa. Fácil é o menos complexo, mas, como você sabe, às vezes é muito difícil fazer algo fácil. E acontece o inverso também, algo difícil é muito fácil. De qualquer forma, a palavra complexidade prepondera. Tudo isso é complexidade. Tudo é complexo.

CAMPO: *Mas a expressão deve ser simples ou complexa?*

MOLIK: A expressão deve ser simples. A questão reside em como expressar um assunto complexo com simplicidade.

CAMPO: *Então os obstáculos são úteis para a criatividade?*

MOLIK: É lógico, porque se tudo é fácil, fácil demais, o resultado é muito chato, desinteressante. Se você precisa buscar a solução do problema e lutar pela vitória, tudo se valoriza. Normalmente, nada que é fácil tem valor na nossa linguagem, neste ramo que nos encontramos agora. Pense no filme que se passa em Brzezinka, o *Dyrygent (Maestro)*.

CAMPO: *Sim, o filme contém muitas imagens e sons lindos e interessantes, principalmente no fim, mas falta clareza na obra como um todo.*

MOLIK: Falta clareza porque a ilustração do processo de trabalho é bem confusa. Quero dizer que através dessa ilustração você pode ver as possibilidades conquistadas após cinco dias de trabalho, com aqueles quatro lindos minutos de canto no fim. A clareza das vozes, a beleza do coro: foi graças ao trabalho deles. O resto era apenas po-po-po, movimentação corporal e esforços dirigidos, nada de especial. Nos últimos quatro minutos, aconteceu uma coisa muito especial.

CAMPO: *Quero fazer uma pergunta sobre as emoções. Como é possível trabalhar com as emoções? No nosso âmbito de trabalho sabemos que as emoções não podem ser controladas. Apesar disso, são muito importantes, essenciais, então qual é uma boa maneira de trabalhar com as emoções?*

MOLIK: Como é que você pode afirmar que não podem ser controladas? As emoções precisam ser controladas. Senão você assassina o seu parceiro de cena. Devem ser controladas. Senão haveria muitas mortes no teatro.

CAMPO: *Sei que é possível controlar o comportamento; os textos originais de Stanislavski nos ensinaram muito sobre isso. Gostaria de saber se é possível controlar as emoções sem perdê-las. Posso dizer, por exemplo, seguindo a sua provocação: "Quero te matar" e, por meio do controle do comportamento, impeço-me de cometer o ato porque sei que não posso literalmente cometê-lo. Mas um impulso psicológico genuíno precisa partir de mim para que eu possa realizar uma ação crível. Preciso acessar o impulso do "Quero te matar" e depois outro impulso físico deve surgir de uma outra parte de mim, a mente controladora, que deve se opor à consequência da anterior. E dessa maneira o impulso pode ser controlado.*

MOLIK: Isso é diferente, porque deve ser controlado. Trata-se de como incitar as emoções no sentido de uma vida plena e como não perder o controle disso. Esta é a questão. Não a outra, de como elas podem ser controladas. A questão é como evocar as emoções reais e não perder o controle, e não enlouquecer.

CAMPO: *Sim, entendo e por mais que a arte possa ser utilizada para lutar contra doenças como a loucura, a história encontra-se repleta de exemplos tristes como o de Antonin Artaud. O trabalho do controle de si mesmo faz com que eu reflita sobre os mestres que não eram da área teatral, mas de outros campos, mestres de seres humanos como Sulerzhitsky, o grande amigo e colaborador de Stanislavski, ou Gurdjieff. Grotowski era, de certa maneira, muito próximo de Gurdjieff, apesar de, é claro, não tê-lo conhecido pessoalmente. Ele já te falou sobre Gurdjieff e suas concepções de inteligência, alma, emoções e controle, ou era apenas algo que ele estudava, que ele trabalhava apenas por interesse pessoal?*

MOLIK: É um exagero dizer que Grotowski era muito próximo de Gurdjieff. Ele conhecia algumas histórias, sua biografia, e outras coisas, mas nada especial.

CAMPO: *Gostaria de voltar para a questão da repetição e a consequência de se tornar mecânico. Há sempre o risco do repertório se tornar mecânico quando é repetido em demasia, mas, por outro lado, a repetição é indispensável para atingir a precisão necessária. Mas o risco é que você perde a Vida. Então a questão é como manter a Vida presente todas as vezes que a ação é repetida, em outras palavras, como ser capaz de improvisar dentro de um repertório preciso. Gostaria de saber se na sua prática você usa algo específico ou se você e Grotowski pensaram em usar uma ferramenta psicológica com este fim durante os ensaios e apresentações. Lembro que você disse que cada apresentação era diferente por conta do tempo, por exemplo. Se o tempo mudava, o lugar mudava, então nunca poderia ser a mesma coisa. Mas o que eu gostaria de saber é se havia o uso de truques no momento da apresentação, estratégias para manterem-se vivos quando a Vida parecia estar se esvanecendo. Gostaria de saber se você já usou este tipo de instrumento psicológico ou qualquer artifício do tipo. Sei, por exemplo, que Stanislavski tentava diferentes maneiras de manter a Vida, alguns exercícios, alguns truques para o ator. Stanislavski costumava pedir que caso um ator estivesse perdendo a Vida, que ele se concentrasse em um detalhe específico enquanto realizava a ação.*

MOLIK: É claro que isso pode ser tentado. Mas posso dizer que não existe nenhum instrumento para este caso. Você deve lutar por esta Vida usando toda a sua energia para se manter vivo e é só o que você pode fazer, não existem outros meios.

CAMPO: *Recordo-me de uma conversa que tive com uma atriz que vem desta tradição. Ela afirmou que se você está perdendo a Vida, você deve trabalhar mais com o seu repertório, se aprofundar nele.*

MOLIK: Você deve seguir o seu caminho, em outras palavras, você deve adentrar o seu repertório. Sim, é o mesmo conceito, você deve seguir o seu caminho e não se preocupar. Em outras palavras, você deve sobreviver a ele.

CAMPO: *Outra questão interessante é a condição material da arte, como a condição material afeta o seu trabalho e a sua arte. Quais são as consequências para o trabalho das diferenças entre lugares e pessoas, qual é a diferença em trabalhar ou se apresentar na Inglaterra, Itália, França ou o trabalho com pessoas provenientes da Polônia, Rússia ou de outros países do Leste Europeu? Já conversamos sobre as diferentes raças humanas, mas refiro-me a pessoas que vêm de países, culturas diferentes, mesmo pertencentes a uma mesma raça. O que significa que não podemos encontrar uma diferença orgânica nesse sentido, porque lidamos com pessoas de estrutura física semelhante, mas encaramos uma diferença cultural. Isso também envolve a nossa relação com os espectadores. Encontrei diferenças no ensino e na apresentação em diferentes países. A questão para mim é compreender como isso, especificamente, afeta o trabalho e de que maneira.*

MOLIK: Meu Deus, essa questão é crucial, que diz respeito a adaptar-se a diferentes contextos ou diferentes culturas. Como é que posso saber disso? Não tenho a menor ideia. Mas posso te dizer que na prática, a partir da minha experiência, eu saberia o que fazer e dizer se uma situação dessa natureza se apresentasse. Como não me encontro na situação, não estou certo do que devo dizer e fazer. O trabalho sempre é orgânico e qualquer situação requer uma ação e uma reação apropriadas. Lembro-me do menino indiano, integrante de um grupo perto de Berlim, que já mencionei. Sua voz era muito específica, era indiana, diferente da voz europeia, e eu desejava melhorá-la. Fizemos alguns exercícios, não para mudar, e sim melhorar, tornar mais aberta a voz tão específica que ele tinha. Demandou um certo tempo, mas conseguimos. Independentemente da nacionalidade, a sua voz era pequena demais e foi possível torná-la mais aberta, maior e melhor.

CAMPO: *Você acredita que na Europa existe uma homogeneidade em relação a este tipo de voz ou existem diferenças entre os países e culturas?*

MOLIK: Não, é mais ou menos a mesma coisa. Não existem diferenças marcantes entre a França, Inglaterra, Alemanha, etc.; é mais ou menos o mesmo aparato. Então podemos dizer que as diferenças são locais apenas. Não existem diferenças básicas.

CAMPO: *Não orgânicas.*

MOLIK: Não orgânicas, sim, está certo.

CAMPO: *Então, no geral, com os norte-americanos brancos ocorre a mesma coisa.*

MOLIK: Sim, mas entre a voz chinesa e a japonesa, por exemplo, tem uma diferença orgânica.

CAMPO: *Então a cultura não afeta muito este trabalho. O que importa é o sistema orgânico.*

MOLIK: Cultura não afeta, mas faz diferença. Então a abordagem deve ser diferente. Como nos aponta o exemplo do menino indiano, tive que lidar com sua voz utilizando uma outra abordagem.

CAMPO: *Talvez você tenha encontrado uma diferença orgânica no caso do menino indiano. Qual é a diferença de sua abordagem, por exemplo, ao lidar com italianos e alemães?*

MOLIK: A voz indiana é organicamente diferente, mas entre os alemães e os italianos não há diferenças orgânicas, portanto, abordagens diferentes não são necessárias. Para eles a cultura não faz diferença. Com os holandeses, por exemplo, tive alguns problemas, como te disse, porque eles têm uma maneira muito especial de falar. No entanto, a diferença não era orgânica, mas apenas cultural. Era o modo como estavam acostumados a falar. Mas quando chegamos no texto, eles já eram capazes de falar com propriedade. Suas bocas e laringes já estavam abertas e o fluxo do som acontecia sem o "cho-cho-cha-cho-cho-cha", aquela pronúncia característica e endêmica.

CAMPO: *Qual é a relação entre a teoria e a prática no âmbito teatral? Por exemplo, qual o papel do conhecimento da história?*

MOLIK: A teoria oferece algum conhecimento geral, a prática é bem diferente. Você pode ser um ótimo teórico, conhecedor de todos os sistemas e métodos e saber muito pouco sobre a prática. O funcionamento prático é muito diferente; você pode ser um grande ator e não saber nada das regras e métodos e vice-versa. Então, essas duas coisas nem sempre caminham juntas. Ou você é um ótimo teórico ou um animal, e aí então você é um bom ator.

CAMPO: *Este poderia ser o papel do diretor, que é um papel bastante contemporâneo, pelo menos forma institucional que conhecemos, já que a função provavelmente sempre existiu, só que de forma diferente. De certa maneira, o diretor deve ser esta conexão. Um bom exemplo é Eisenstein, que era um grande teórico e um grande diretor, e que trabalhou como ator inicialmente. Outro exemplo foi Stanislavski, que era ator e também alguém que trabalhava tendo uma visão clara, uma forte cognição do trabalho. Então, de certa maneira, o diretor pode criar esta conexão.*

MOLIK: Sim, mas não acredito que ele era um ator extraordinário; o seu brilhantismo estava presente em um âmbito teatral diferente. Pode acontecer de um ator se tornar uma figura influente do universo teatral. Grotowski era assim, sua primeira formação era a de ator, ele tentou viver essa possibilidade. Mas não era a vocação dele, seu destino era outro.

CAMPO: *Mas você não assistiu à atuação dele. Ele nunca apresentou nada desde que você o conheceu.*

MOLIK: Não, mas posso imaginar. Seria engraçado.

CAMPO: *Grotowski costumava dizer que diretores, como ele, não poderiam ser bons atores. E também que os atores não deveriam ser muito inteligentes. Que o diretor era geralmente alguém que não era tão bom como ator e que, então, torna-se um diretor. Costumava dizer isso pensando provavelmente na sua experiência pessoal.*

MOLIK: Provavelmente.

CAMPO: *Em termos do conhecimento prático, quando você trabalha com a abertura de vozes, você precisa trabalhar com partes diferentes do organismo. Gostaria de saber se você sabe claramente e de maneira geral onde estão estes centros de trabalho no corpo, se eles variam ou não em cada indivíduo e se pode ser afirmado que o seu trabalho abarca a individuação destes centros através destas experiências? Já perguntei se você descobriu uma estrutura universal dos* centros de energia no corpo humano em que você concentra o seu trabalho sobre e através da voz. Você disse que não quer contar, mas você sabe isso, você construiu seu próprio diagrama. A pergunta que ainda não fiz é o motivo que justifica a sua falta de vontade de falar sobre isso.

MOLIK: Porque não vejo necessidade. A qualquer momento posso explicar que faço alguma coisa por qualquer motivo. Não quero dispersar a atenção. Digo o que é necessário e omito o desnecessário. De qualquer maneira, não é sempre que tenho certeza das coisas e nem sempre elas estão claras. Pesquiso, faço tentativas, estabeleço se funciona ou não. Coloco-me de maneira diferente diante de cada pessoa a ser trabalhada, não sei exatamente o que tenho que fazer e o que farei com ela.

CAMPO: *Você segue um padrão ou é um total improviso?*

MOLIK: Não, é um total improviso. Sei que a cada vez deve haver um ponto específico e uma eficácia correspondente, mas ainda não os conheço.

CAMPO: *Então não se pode afirmar que existem pontos que funcionam sempre.*

MOLIK: Há alguns pontos que funcionam sempre, mas, ao lado disso, existem muitas surpresas, porque tudo é muito individual. Cada pessoa é um caso singular. E então, muitas vezes eu adivinho. E se funciona, se eu percebo que está tudo certo, que estamos em um bom caminho, então, nós continuamos. Se não, tento de novo, faço outra proposta e prosseguimos de outra maneira. Às vezes, meu palpite funciona na primeira tentativa, mas, às vezes funciona na segunda ou na terceira. E, às vezes, demora alguns minutos para eu chegar ao meu objetivo. Funciona assim. Sou como um médico que tem um paciente e precisa descobrir qual é a sua doença. Muitas vezes, está claro imediatamente. Mas, algumas vezes, deve-se investigar o que há de errado com ele. É simples, é muito normal.

CAMPO: *Quais são os tipos de problema com que você geralmente se depara?*

MOLIK: Geralmente é a laringe não aberta, ou a má respiração, o jeito errado de respirar. Estes são os dois pontos principais: a laringe não aberta e a má respiração. Por exemplo, a inspiração é incorreta, como se houvesse uma rolha, algo que impedisse o fluxo respiratório de forma a bloqueá-lo, a pessoa só pode emitir um "hech!". Você deve trabalhar primeiramente com a respiração. É só depois que eu tento abrir o som, encontrar a voz. É assim que a coisa anda.

CAMPO: *É como remover a rolha de uma garrafa.*

MOLIK: Sim, é realizar a ação certa para pegar o ar, para não fechar a laringe depois, não colocar a rolha.

CAMPO: *Trata-se de fazer o ar circular todo o tempo pelo organismo como um todo.*

MOLIK: Sim, e muitas vezes, quando alguém respira apenas com a boca e não com o corpo inteiro, faz um "hech" porque está tampado na parte superior do peito. E aí ele vocaliza o "Ahh" com a voz bloqueada. Devemos então mudar a respiração para que ele respire com o corpo todo e não apenas com os pulmões. Com a parte mediana, a pélvis, o diafragma, de baixo para cima. Acontece que muitas vezes a má respiração, a maneira incorreta de respirar, impossibilita o canto bom ou até mesmo a fala. Não pode funcionar de maneira certa com a voz, com o som.

CAMPO: *Em relação à fala, você indica apenas o funcionamento do organismo ou você acha que a atenção na respiração deve estar mais concentrada sobre os elementos específicos das palavras? Há sistemas antigos muito interessantes utilizados por grandes atores e professores, como Louis Jouvet,[1] por exemplo, que costumava falar das diferenças entre vogais e consoantes, sugerindo que é preciso prestar atenção nas primeiras. Claro que pode ser experimentado de maneira inversa, dependendo do que você está buscando.*

MOLIK: Depende, sim. Quando alguém tem problemas com uma laringe fechada, devo prestar atenção para a abertura da laringe. Se alguém respira de forma incorreta, impossibilitando o canto e a fala, devo prestar atenção nisso. São coisas básicas a fazer para manter a respiração e a voz abertas. Mas entendo o que você quer dizer com o exemplo que deu. Se há um caso específico, devo fazer uma intervenção específica para cancelar este problema e melhorar as habilidades desta pessoa. Muitas vezes acontece de a pessoa se concentrar mais nas consoantes e não ser capaz de manter a boca e a laringe livres. E é claro que há um problema. Então devemos buscar uma maneira de resolvê-lo. E é bem simples.

---

[1] Ator francês (Crozon, 1887-Paris, 1951), foi considerado o maior ator de sua época. Tinha um problema de gagueira e dicção na juventude.

CAMPO: *Gostaria de falar sobre outra coisa agora. O conceito da verticalidade.*

MOLIK: Este é um conceito muito específico de Grotowski. Utilizei-o há muitos anos atrás e Grotowski posteriormente usou a palavra "veículo"[2] para esse tipo de energia utilizada para a verticalidade. Também usei o termo "veículo" anos antes dele, para explicar o papel da voz no organismo humano, e como ela é como um veículo que traz à tona a toda a Vida. Então não é apenas o som, não é apenas a respiração, mas também a alma. Essa voz, para mim, era este tipo de veículo. E depende se é vertical ou não, quando deito horizontalmente não é vertical, mas vai na direção do nível do chão. Apesar disso, caminha verticalmente em relação ao meu corpo. Porque sempre caminha de baixo para cima, da base da coluna em direção à cabeça ou ao peito, dependendo dos ressonadores que são usados depois, onde o som se concentra. Mas o som sempre nasce na base da coluna vertebral. Deve nascer daí. É sempre esta a fonte do som. Contudo, é importante que venha primeiramente da terra. Muitas vezes você pega o poder da terra. Através dos pés, das pernas, da parte inferior das pernas, da parte superior das pernas, dos quadris, e assim você dá a você mesmo a energia para criar o som, e ele começa em algum lugar. Muitas vezes é acessado diretamente a partir da base da coluna e então ele passa por diferentes ressonadores e pode ser moldado, você pode fazê-lo suave ou muito forte. Se acrescentar os ressonadores do peito, você pode obter diferentes cores do

[2] Ver Apêndice.

som realizado com a voz. Mas se você subir para *la nuque*, a nuca, você pode obter um som agudo e muito alto. E também do topo da cabeça, da testa. Porém tento nunca utilizar a cabeça para falar ou cantar. Como disse, para mim, o ponto mais alto é a nuca. E, é claro, que se você quer formular palavras, é preciso utilizar a boca. Isto é óbvio. É natural que quando se fale, em última análise, se fale com a boca, com a língua, com os dentes. Mas isso ocorre apenas quando você dá a forma final ao som e à voz.

CAMPO: *Estava pensando nos praticantes chineses. Eles sempre me inspiram, principalmente quando falam do "respirar a energia". Também dizem que pegam a energia da terra e do céu, do topo da cabeça. É como respirar continuamente para cima e para baixo, e não apenas de baixo para cima.*

MOLIK: Sim, acredito que é algo que pertence à cultura deles. De como e de onde eles falam. É muito diferente da maneira europeia de falar. Eles usam e modulam tons agudos a partir da cabeça e falam assim: "Hi-ho-chu-ya-kah-hi-koh-iah-khon-kinh-kih". Então esse é outro problema, o problema da cultura.

CAMPO: *Volto ao problema do Processo novamente. Como ele foi descoberto? Quando e como aconteceu? Havia um projeto de experimentação, uma pesquisa específica com várias tentativas ou foi descoberto por meio de sua prática?*

MOLIK: O Processo começou no início do mundo.

CAMPO: *Sempre aconteceu, desde o início da companhia.*

MOLIK: Não, não no começo da companhia, mas no começo do mundo. Sem o Processo não haveria civilização, não haveria humanidade, não haveria nada. Vejo que você está atônito.

CAMPO: *Sim, estou atônito porque estou pensando em algo muito específico.*

MOLIK: Sim, eu sei. Você se refere a um tipo de Processo no mundo do ator.

CAMPO: *Sim. Você afirmou que o Processo começou a ser utilizado em um determinado momento. Você experimentou o Processo Orgânico. De fato, havia uma definição que Grotowski costumava utilizar. O Processo no seu trabalho, como um termo específico, estava indicando um nível diferente de consciência ou transe. Um espécie de alteração da consciência no trabalho.*

MOLIK: É um fato que isso existe. O Processo no trabalho do ator é a pesquisa, que existe em qualquer tipo de trabalho. Cada trabalho começa provavelmente com o processo da pesquisa. Então é com o processo que você começa algo, desenvolve, atingindo a sua meta ou não. Este é o Processo. Você explora algo, busca, realiza a sua própria pesquisa, a sua busca no desconhecido. Muitas vezes este Processo é essa busca no desconhecido. O Processo tem muitos aspectos, inicia-se, evolui, atinge o ponto ou não. E, às vezes, esse Processo é o elemento mais interessante do trabalho e é mais importante do que o resultado. Podemos ter uma longa digressão sobre o tema, mas este não é o momento. O começo do Processo no nosso trabalho muitas vezes foi e é absolutamente inconsciente, não sabemos de onde veio. E esse Processo, esse Processo certo e específico, começa e deve ser seguido até onde for possível, até que simplesmente pare, deixando de existir. Porém, alguns minutos, dias ou semanas depois também é possível tentar retomar essa "obra em Processo".

CAMPO: *Trabalhar na recordação.*

MOLIK: Para recordar e continuar. E descobrir como retomar. Sim, *la suite. Trouver la suite.*

CAMPO: *Você acha que todos os atores de certa forma trabalham com um tipo de Processo, ou que foi, ou é algo muito específico para algumas ocasiões e alguns tipos de trabalho?*

MOLIK: Não posso dizer muito a respeito, porque não conheço todas as pessoas e como tentam realizar seus sonhos e desejos. Normalmente, o Processo é uma expressão dos sonhos ou da realização de alguns desejos que são importantes para o indivíduo, algo que tem muita importância individual. É isso que é preciso atingir, e depende das experiências de vida de cada um; então não podemos generalizar. De qualquer maneira, o Processo é uma ação, mas é uma ação que raramente surge da superfície da nossa vida, então o ponto é como fazê-lo emergir. Como materializar esse Processo para que tenha um efeito, para que atinja certas metas. O Processo, muitas vezes, é parcialmente consciente e diversas vezes é inconsciente. Muitas vezes, perde--se o conceito do que deve ser feito, como seguir esse Processo e em que momento deve cessar; a questão sempre reside no fato de se perceber quanto tempo se deve segui-lo. Esse é o Processo. É sempre algo *in statunascendi*, é muito complexo. Não é fácil encontrar a definição exata do que deve ser feito.

CAMPO: *Você acha que pode vir a ser perigoso para o organismo?*

MOLIK: Muitas vezes, sim. Talvez não seja o mais comum, mas algumas vezes pode ser muito perigoso. E, de qualquer maneira, é sempre mais ou menos perigoso; você nunca sabe para onde o Processo irá te levar.

CAMPO: *Você acha que isso afetou a saúde de alguns integrantes da companhia?*

MOLIK: Como não me senti afetado, não sei. Mas talvez alguns dos integrantes podem ter sido afetados. Porque muitas vezes essa experiência faz com que você fique muito tonto, como se estivesse no limiar de um grande perigo. O resto depende da constituição pessoal. Minha constituição era bem mais resistente a esses perigos.

CAMPO: *Agora passaremos a outros tópicos: equilíbrio, por exemplo. Qual é a importância do equilíbrio, que tipo de equilíbrio, se existe algum, é específico para a voz? Um dos princípios da Antropologia Teatral é que os artistas trabalham com um equilíbrio diferenciado, que não é o equilíbrio da vida cotidiana, e sim de um tipo luxuoso, como afirma Barba. Fazemos algo diferente da cotidianidade e nos movimentos em direção e em volta de pontos extremos, com um excepcional investimento de energia que é inimaginável na vida cotidiana. É isto que os antropólogos teatrais estudam. Gostaria de saber se existe um tipo de equilíbrio para a voz e se você trabalha no equilíbrio da voz e do corpo.*

MOLIK: A definição de equilíbrio é muito abrangente. Existe o físico, o equilíbrio corporal. Mas existem outros tipos importantes de equilíbrio. O mais importante é aquele entre o físico e o psíquico. É claro que você deve manter o equilíbrio da voz também, senão você faz coisas estranhas! Lembro, por exemplo, de um grupo de pessoas que estava procurando pelo primeiro choro de um recém-nascido. Chamavam de algo como a técnica do Primeiro Choro. Era uma técnica que tinha a intenção de provocar o seu primeiro "Uaaah!". Há muitos anos participei de um grupo que tentou fazer isso; achei muito prejudicial e muito perigoso. Faltava equilíbrio. Não havia equilíbrio, havia apenas a ideia de empurrar em direção a algo extremo. E tratava-se apenas de fazer coisas extremas com a voz. Para quê? Não, nunca deveria acontecer uma coisa dessas. O trabalho com o equilíbrio da voz implica convidar uma pessoa para dar o máximo de si mesma no nível da vibração do som, mas jamais forçando a voz. É possível tocar no impossível com um som que é pura vibração, sem a voz aguda, sem uma voz forte. Isto é importante, então podemos dizer que o equilíbrio é muito importante nessa área de atividade, que é tentar encontrar o equilíbrio entre o poder da vibração e o som. A voz não deve nunca dominar o som, ao contrário, se há algo dominante, é a vibração. E deveria, geralmente, haver um equilíbrio entre o som, a voz e a vibração. Muitas vezes é uma falha, um erro que acaba resultando no abuso da voz. No trabalho com a voz, o erro mais comum é este abuso.

CAMPO: *É claro que existem diferentes vibrações e talvez a diferença possa ser encontrada em termos de ritmo; quero dizer, a onda é diferente fisicamente.*

MOLIK: Provavelmente, sim.

CAMPO: *Você acredita que existe uma vibração específica para cada indivíduo, como um som específico e único que é o som perfeito, o verdadeiro som de um indivíduo?*

MOLIK: Como já afirmei, é muito fácil isso checar fisicamente. Quando você está na sala, você ouve o seu som, que é pura vibração, e, ao mesmo tempo, é capaz de ouvir três ou quatro sons, três ou quatro notas do seu próprio som. Não utilizo a palavra "voz" porque aqui há mais som do que voz. Quando é quase pura vibração, você ouve exatamente três ou quatro notas. Porque você tem uma ressonância clara de um som que se divide em três ou quatro tons, três ou quatro notas. Então é fácil checar o momento em que você abre a voz, escutando o som aberto e ouvindo a pura vibração, e pode-se também perceber quando, ao contrário, há apenas a voz ou a mistura de som e voz. Quando se entrega apenas a voz, então, ouve-se apenas uma ressonância e, ouve-se duas quando há essa mistura.

CAMPO: *Voltei a este ponto porque estava pensando em algumas tradições, principalmente as religiosas, como a Védica, e também em algumas tradições Ortodoxas Cristãs, que em uma determinada etapa avançada de treinamento pessoal ou prática oratória, tentam encontrar o verdadeiro som do indivíduo, como se existisse para coincidir com uma vibração complexa e única do espírito universal. É claro que a meta de um esforço como este deve ser o encontro com o som universal, a fonte mística do mundo para a tradição Védica, que é o Logos dos Cristãos, indicado por São João no começo do seu evangelho.*

MOLIK: Cada um possui a sua própria voz. A coisa mais importante é ter a própria voz. Não é tentar fazer de uma maneira ou de outra, vocalizando, por exemplo, "Eh-Eh", com um tom baixo, ou "Ah-Ah", com um tom agudo ou algo assim. Isto é uma coisa. É tentar trabalhar com a voz natural. Como se dará este trabalho e este uso dependerá das circunstâncias, da intenção. Pode-se falar sem nenhuma vibração, murmurando algo como "que-que-que" ou vibrar mais com uma voz mais potente e aberta, "boh-boh-boh".

CAMPO: *O conceito parece muito semelhante, porque esta busca pela voz individual é provavelmente uma maneira de encontrar a voz verdadeira, ou vibração ou, mais provavelmente, a gama de vibrações ainda desconhecidas, a serem descobertas.*

MOLIK: Claro, muitas vezes depende das circunstâncias e apenas disto.

Sétimo dia

A ATENÇÃO | NECESSIDADE, PROCESSO
ORGÂNICO, NOSTALGIA

CAMPO: *Atenção.*

MOLIK: Atenção. A palavra é como um sino, um grande sino: "atenção, por favor", sim! É, muitas vezes, algo inato. Você chega e aparece no mundo com atenção ou sem atenção e passa toda a sua vida assim, sendo atento ou desatento. Existem diferentes tipos de atenção; a atenção pode ser voltada para si ou para os outros. Você sabe, a atenção sobre si mesmo não é tão boa, porque se alguém dedica atenção demais a si mesmo, não é bem visto. Você concorda?

CAMPO: *Sim, entendo. Agora estamos falando sobre o cuidado, o tomar conta ou o considerar algo como sendo importante. Se acho que algo é importante, presto atenção. Mas tem outro tipo de atenção que é muito importante no trabalho. Você pode pensar na atenção em si e, como você me disse uma vez, este tipo de processo da atenção é como pegar algo do externo, trabalhar com aquilo internamente, depois devolver ao externo. Para Simone Weil,[1] por exemplo, a atenção em si era um veículo. O seu conceito da atenção mais alta é muito semelhante à "conexão mais alta", utilizando a terminologia tardia de Grotowski. Lembro que Grotowski costumava falar de atenção em algumas lições importantes e não publicadas que ele deu na Universidade de Roma, em 1982, nas quais se referia a um "colega" vindo de uma cultura distante, um Huichol mexicano. Este "artista" (no sentido grotowskiano)[2] estava tentando explicar, em outra língua, o que estava fazendo e porque era importante realizar aquela atividade específica, e a tradução era basicamente "estar atento" e "ter os pés bem colocados no chão".*

MOLIK: Se você está buscando o encontro com o desconhecido como material para construir um monólogo, sim, você deve estar muito atento e relaxado, não deve fazer nada. E, já que está relaxado, não fazendo nada, é arriscado perder-se a atenção. De fato, o que você faz naquele momento? Não faz nada, mas deve estar

---

[1] Filósofa francesa (Paris, 1909 – Ashford, 1943).
[2] Ver J. Grotowski, "Performer". In: Richard Schechner e Lisa Wolford (eds.), *The Grotowski Sourcebook*. Londres/Nova York, Routledge, 1997, p. 374-78.

muito atento porque até mesmo o menor elemento que encontrar irá atrair a sua atenção e criar o resto. Deste ponto minúsculo, ele cresce e cresce, fica cada vez maior e você é capaz de vislumbrar o seu parceiro real, e agora existe a Vida entre você e o seu parceiro, que está na sua frente e não existe na realidade, mas que para você é um parceiro real. E nesse contexto, sim, estar atento é muito importante. Só porque você está relaxado, como uma borboleta, por exemplo, como proponho muitas vezes: "Vamos ser borboletas agora". E nesse exato momento, algo repentino e inesperado acontece e um outro mundo se desvela diante dos seus olhos e você é capaz de enxergar uma nova Vida, um novo lugar, outro tempo. E você se encontra em um lugar bem diferente, um lugar de sonho, como quando você está deitado na sua cama e sonha que está em um lindo pomar ou olhando para uma maravilhosa paisagem, com o vento nos seus cabelos. Mas tudo pode mudar em um segundo. Durante dois ou três minutos você pode encontrar uma nova Vida, que você pode usar posteriormente, com o texto, por exemplo, uma vez que já foi encontrada e reconstruída. Então, em um momento como esse, a atenção é muito importante para que você não deixe esse momento escapar. Porque é como "puit", uma fração de um segundo. Você pode pegar ou não. O engraçado é que você não pode realizar esse tipo de pesquisa conscientemente. Não funciona assim: você está na sala e está pensando em como realizar o encontro com o desconhecido e você decide começar naquele momento, procurando pelo encontro com o desconhecido. Não, dessa maneira nada será possível. Deve advir da Vida existente, quando a realidade muda, depois de quinze minutos, quando a realidade, muito lentamente, começa a mudar. Primeiramente, começamos com o treino, e, depois, existe mistura, mistura, mistura. Tem tantas pessoas aqui, doze ou quinze pessoas e acontecem breves encontros entre uns e outros e, a certa altura, em um determinado ponto, em um certo momento, algo te faz parar e, então, o desconhecido aparece, e se realiza. Apresenta-se para você e está tornando-se real. E aí também o seu comportamento físico muda completamente e você se encontra em outro lugar e em outro tempo. E você tem apenas esses dois minutos nos quais você vive outra Vida. Você não se encontra mais na sala em que está trabalhando, mas você está no seu ambiente pessoal onde trava esse encontro muito especial. E depois tudo muda, você esquece que está na sala, porque você tem outros problemas, outras sensações físicas. Tudo isso faz com que você realize um gesto que você não tem a mínima ideia do que seja. Entretando, a coisa engraçada, é que, mais tarde, você irá lembrar desse gesto. Depois desses dois minutos, você retorna ao treino normal e quando o treinamento acabar, você se lembrará. Você se lembra que teve um encontro importante e interessante com o desconhecido. Dessa maneira, você encontrou uma estrutura para a Vida a ser utilizada para o monólogo, por exemplo. E, então, você tem um monólogo que foi construído na Vida pessoal, que foi encontrada naquelas circunstâncias do treino. Se não houver esta Vida pessoal, como o monólogo poderia ser construído? Apenas a partir da imaginação oriunda do texto, das palavras? Isso não é muito interessante. Pergunto-me como tudo isso que estou falando irá aparecer no papel, se será compreensível ou se soará apenas abstrato. Esta é uma questão. Ninguém sabe.

CAMPO: *A questão da linguagem, a comunicação e a forma de transmissão é um problema muito antigo. Grande parte dos mestres antigos costumavam recusar a escrita, como Sócrates, que foi transcrito por Platão, ou os antigos santos indianos que não queriam transcrever o Veda. O imenso corpus de escrituras do Veda que possuímos agora é uma parte pequena do que foi oralmente transmitido durante milhares de anos e, de certa forma, Grotowski também é assim. Eles simplesmente se recusaram a escrever e muitas vezes eram contra a escrita.*

MOLIK: Sim, essa é uma questão eterna. O melhor é não se preocupar muito com isso.

CAMPO: *E a vaidade?*

MOLIK: *Vanitas vanitatum et omnia vanitas.* Nunca fui interessado em vaidade, porque não tive um problema assim. Não sei o que é a vaidade.

CAMPO: *Talvez seja válido para você mesmo, mas e para os outros? Louis Jouvet, por exemplo, que foi um grande professor e costumava encontrar muitos estudantes de teatro, dizia que os atores normalmente iniciam suas carreiras com muita vaidade. Ao se aprofundarem na profissão e no trabalho do ator, descobrem que funciona de maneira oposta. Muitas vezes a vaidade é o primeiro impulso, o primeiro motivo que leva uma pessoa a querer trabalhar como ator.*

MOLIK: Sim, provavelmente é assim. Mas não em relação a mim mesmo. Tornei-me ator a partir da modéstia e não da vaidade. Então, não posso dizer nada a respeito deste assunto, pois é absolutamente estranho para mim.

CAMPO: *Mas você deve observar esta característica em alunos, pupilos, atores.*

MOLIK: Quando é muito evidente, costumo dizer alguma coisa. Mas quando está em um nível normal, nunca presto atenção. Porque é humano, tudo é humano, como você sabe, ter um pouco de vaidade não é ruim.

CAMPO: *Agora caminharemos para o oposto do chamado "ego". O que é o "ato total"? O que foi o "ato total"?*

MOLIK: Você deve ter lido algo a respeito.

CAMPO: *Eu conheço os textos. Li* Em Busca de um Teatro Pobre *muitas vezes.*

MOLIK: Então, se você sabe, por que está perguntando?

CAMPO: *Por causa da falta de experiência real. Minha geração nunca teve uma ideia clara sobre isso. Podemos ver os filmes ou ler os textos porque não temos, e nunca tivemos uma experiência concreta com isso.*

MOLIK: Ah-ah, você nunca experienciou o ato total? Bom, o ato total é o que acontece quando você se entrega completamente a alguma coisa. Acontece quando você esquece de si mesmo e torna-se apenas o espírito que está doando o ato que está sendo realizado naquele determinado momento. Quando você se esquece de tudo, quando não se lembra de mais nada a não ser do momento em que se encontra. Então, neste instante, acontece o "ato total".

CAMPO: *É conhecido como a definição especial atribuída ao trabalho de Cieslak para* O Príncipe Constante.

MOLIK: Sim.

CAMPO: *E você também teve essa experiência.*

MOLIK: Sim, aconteceu. Aconteceu algumas vezes, então eu conheço a partir da minha própria experiência.

CAMPO: *Foi no palco, em algumas produções específicas?*

MOLIK: Sim, teve alguns momentos, não muitos, pensando bem. Mas teve alguns momentos.

CAMPO: *Aconteceu na época do* Príncipe Constante?

MOLIK: Não, não foi possível em O *Príncipe Constante*. Aconteceu em *Akropolis*.

CAMPO: *Estava pensando em* Akropolis *e na complexidade musical dessa obra. Você acha que é importante um ator saber tocar instrumentos musicais e estudar música?*

MOLIK: Acredito que sim. Não é imprescindível, mas é de grande auxílio. Ajuda bastante se o ator souber tocar alguma coisa.

CAMPO: *Estava pensando na diferença entre profissionais e amadores.*

MOLIK: Depende da perspectiva. A palavra *amador* vem de *amor, amare*. Então é muita coisa, mas não é o suficiente. Profissional é aquele que a partir deste *amor, amare*, se tornou profissional. A partir do amor ao ofício, torna-se profissional. No nível das diferenças básicas, é assim e mais nada. Amador é o iniciante; profissional é aquele que tem muito mais experiência. Todo profissional começou como amador e, depois de etapas, profissionalizou-se. Acredito que a única diferença está no nível da experiência.

CAMPO: *O que você acha do teatro amador ou de não profissionais que simplesmente fazem teatro, que simplesmente encontram-se e praticam juntos.*

MOLIK: Gosto da ideia do teatro amador. Esse tipo de teatro está diminuindo cada vez mais, pelo menos na Polônia. Havia, antigamente, muitos teatros amadores, em cada cidadezinha, e até mesmo no campo. É uma pena que estejam diminuindo cada vez mais.

CAMPO: *Você já teve participação de amadores nas suas oficinas?*

MOLIK: Muitas vezes.

CAMPO: *Mas na grande maioria das vezes são profissionais.*

MOLIK: Normalmente, sim, mas de tempos em tempos também aparecem amadores. Em Berlim, por exemplo, é muito comum a presença de alguns turistas, senhoras de terceira idade ou alguns advogados e professores. Então, não são atores profissionais necessariamente, não.

CAMPO: *Faz alguma diferença no seu trabalho, para a sua abordagem?*

MOLIK: Minha abordagem é a mesma para todos. Independente de ser uma menina de 17 anos ou um ator muito experiente. Todos são tratados da mesma forma que a menina de 17 anos. Durante os primeiros dias, todos os atores devem passar por um processo de limpeza. Mas, mais tarde, devo diferenciar um do outro, já que as demandas não são as mesmas para um e para outro. Mas, nos primeiros dias, o trabalho é o mesmo.

CAMPO: *E as diferenças de idade?*

MOLIK: O princípio é o mesmo. Não peço que os idosos, por exemplo, façam exatamente o mesmo que os outros. Peço apenas que busquem encontrar-se no seu nível, como estão, e devem se integrar no grupo também, somente isso. Não há diferença. Quero dizer que não faço diferenciação entre as pessoas muito experientes, bons atores e os marinheiros de primeira viagem. Estou interessado, em primeiro lugar e acima de tudo, nas pessoas. Cabe a elas encontrar o seu valor e as demandas que possuem em relação a si mesmas, o que querem fazer. Cabe a elas decidir se querem, nos últimos dias, dizer um curto poema ou grande monólogo, às vezes bastante longo. Às vezes acontecem situações especiais no trabalho com adolescentes. Por exemplo, uma vez em Pula, na Istria, aconteceu de ministrar uma oficina para meninas de 15, 16 e 17 anos, e alguns meninos. E por que não? Eu dei um pequeno curso. Não era o trabalho de verdade, não com a ênfase no organismo e tudo o mais. Preparei apenas músicas e poemas de tal maneira que cada um pudesse recitar um pequeno poema e cantar uma música. Foi meramente acadêmico, e os pais foram assistir no dia da apresentação. E tudo isso foi muito simples, foi bom, porém tinha um cunho acadêmico. Não houve trabalho sobre o organismo, pesquisa no desconhecido, que é o que geralmente faço.

CAMPO: *Porque eram jovens demais para isso. Então você não pode trabalhar dessa maneira com pessoas muito jovens; é preciso uma idade mínima para começar a trabalhar com essa abordagem.*

MOLIK: Sim, eram jovens demais, então aconteceu da maneira como te contei. Sim, há uma idade mínima; 18 anos. Funcionou uma vez com uma garota de 17 anos, mas ela foi a única. Era a mais jovem, o resto do grupo tinha 20, 21 e 23 anos. E ela foi ótima, porque tinha uma compreensão do que os outros estavam fazendo. Posso afirmar que, no fim, todos estavam fazendo a mesma coisa, então não era possível ter uma experiência muito diferenciada.

CAMPO: *Mas, quando alguém é mais velho, pode permanecer aberto? É possível existir ainda a flexibilidade orgânica necessária? Considero esta área da experiência orgânica através da prática artística particularmente interessante. Afirma-se que o Processo Orgânico só pode ser realmente experienciado antes de uma certa idade, como quando o organismo ainda está crescendo, até por volta dos 35 anos. E que depois é bem difícil experienciar isso pela primeira vez. Se você não fizer antes dessa idade, não é mais possível ter a experiência. Mas pela sua experiência você diz que é possível.*

MOLIK: Sim, até mesmo aos 65. Aconteceu uma vez. Lembro que veio um ator aposentado que tinha mais de 65 e depois duas senhoras da mesma faixa etária. Conseguiram fazer tudo, dentro dos limites que tinham. Não estavam correndo ou pulando como os outros, mas estavam ativos da maneira deles. Foi muito bom para mim e para eles também, muito interessante mesmo. Não posso dizer que sei o que é um Processo Orgânico. Posso apenas adivinhar quando um Processo Orgânico está acontecendo e quando não está. Mas não posso nunca ter certeza. Às vezes é e outras simplesmente não é. Você nunca sabe o que está acontecendo. Às vezes é claro, nós vemos um Processo Orgânico. E outras vezes dizemos que não, este processo nada tem a ver com o Processo Orgânico. Às vezes não posso dizer o que é.

CAMPO: *Está misturado com outra coisa.*

MOLIK: Sim, é um tipo de mistura.

CAMPO: *Não estou surpreso com a habilidade do velho ator, mas gostaria de saber se é possível com não profissionais.*

MOLIK: Sim, é possível. Em Berlim, por exemplo, muitas vezes apenas pessoas comuns vinham trabalhar, mas deveriam ter um poema, uma música, um texto e uma música, como todos os outros, porque esta é a condição. Algumas pessoas têm problemas com a voz, professores e advogados, e o trabalho funciona para eles. Até mesmo senhoras que nada têm a ver com qualquer profissão, se apresentam para experimentar. Ouviram falar sobre algo interessante e apareceram. Em diversos países e cidades, coisas diferentes acontecem. Muitas vezes [o trabalho] é exclusivamente para profissionais, mas também está aberto para quem quiser aventurar-se. Em Barcelona, por exemplo, fiz apenas com professores universitários, para um instituto de arte, e deu certo. Foi realizado apenas para os professores que estavam interessados e se informaram a respeito com seus alunos; de fato, já tinha estado lá duas vezes, mas havia trabalhado com os estudantes da escola.

CAMPO: *Estou pensando agora algo a respeito da necessidade. No teatro, isso significa fazer de maneira precisa certas coisas inscritas em uma partitura específica ou relacionadas a uma personagem em particular. E você deve sobreviver a esta condição; você fala aquele texto apenas porque tem que fazê-lo. Mas, mesmo em nossa vida cotidiana, estamos sempre em uma condição de necessidade. Fazemos as coisas que temos que fazer. Então a questão é sempre como lidar com isso.*

MOLIK: Ah, sim, e cada um faz do seu jeito. O que é necessário ser feito, tem que ser feito. Não sei como deve ser feito, mas quando tem que ser feito, tem que ser feito. E o é. "Onde há necessidade, há necessidade", conhece o ditado? Onde há necessidade, há necessidade, você deve fazer isso e, então, isso será feito. Necessidade, necessidade. Sim, me recordo de um texto de Wyspiański, "konieczność, konieczonść". Em *Akropolis*, havia este texto. Alguém estava deitado sobre um tubo e outra pessoa lhe perguntava: "necessidade?"; e o outro respondia: "necessidade". É assim quando algo é óbvio. Muito simplesmente, para esta pergunta, a resposta é essa: "Tak, racja, racja". [Sim, é isso mesmo.]

CAMPO: *O problema é como ser criativo, ou livre, ou como ser capaz de buscar, ou permanecer vivo, quando você tem que fazer algo.*

MOLIK: Quando tem que fazer alguma coisa, você não pode ser criativo, você não pode estar com a Vida plena; você tem que simplesmente fazer.

CAMPO: *Sim, mas quando a partitura está estabelecida e, portanto, a personagem e o texto, você precisa fazer, mas você tem que estar vivo ao mesmo tempo.*

MOLIK: Claro, mas às vezes não é possível. Mesmo que estiver só 1% vivo, tem que fazer. Porque necessidade é necessidade. Tivemos apresentações em que ninguém estava vivo, mas fizemos de qualquer jeito. Só Deus sabe como foi, mas tínhamos que fazer, então fizemos. Houve algumas apresentações totalmente sem Vida entre nós.

CAMPO: *Que produção foi essa?*

MOLIK: *Apocalypsis cum Figuris.* Houve apresentações completamente mortas.

CAMPO: *Por quê?*

MOLIK: O dia, a falta de energia, a falta completa de contato. Aconteceu na Austrália, então talvez tenha acontecido por conta do clima especial. Não havia contato, nada, completa falta de energia; nos sentimos terríveis depois, mas ninguém podia fazer nada. Tivemos uma enorme ressaca.

CAMPO: *Agora, trataremos da nostalgia. A nostalgia é um conceito, como a busca de algo original, primitivo ou natural que está provavelmente diante de nós. Utilizamos a palavra "natural" muitas vezes. Mas talvez tenha o mesmo sentido que Rena Mirecka confere ao "amor".*

Ela usou este termo muitas vezes. Gostaria de saber se essa nostalgia faz parte da pesquisa ou se é um elemento do trabalho. Gostaria de saber se esta busca pela Vida real no trabalho é um tipo de pesquisa sobre a condição que está perdida e que provavelmente existiu algum tempo antes de nós, que não se trata da vida pessoal presente e sim de algo como um eco de outra coisa. No Parateatro, por exemplo, algo foi encontrado através desse contato com a natureza.

MOLIK: Não sei, porque nunca experienciei esses sentimentos de nostalgia. Acredito que Rena já tenha vivenciado. Eu nunca tive tempo para a nostalgia, não sei o que é isso, sou um homem muito ocupado. Gosto de dizer "ah, ma jeunesse, jeunesse... ma jeunesse, jeunesse..." e repito muitas vezes: "nostalgie, c'est nostalgie", mas em relação ao resto, não tenho estas reflexões. Talvez exista uma coisa assim, mas nunca me engajei com o parateatro neste aspecto. Trabalhei muito com a natureza, mas não tenho nenhuma nostalgia em relação a isso e não trabalhei com isso por nostalgia. Foi como qualquer etapa da minha vida. E, sim, este trabalho com a natureza é muito fecundo. Não fui o mesmo homem ou ator antes e depois de trabalhar com a natureza. Mudei muito. Após este contato com a natureza, estava muito mais renovado, se posso falar assim. Então, foi uma ótima experiência. E é tudo.

CAMPO: *Sim, mas quando fazemos este tipo de trabalho, por que fazemos com a natureza? Gostaria de saber se é porque estamos buscando algo que perdemos enquanto seres humanos. Por que trabalhar com a natureza? Esse é o ponto.*

MOLIK: Você deve perguntar isso para a natureza, não para mim.

CAMPO: *Qual é o valor do trabalho sobre si mesmo? Por que devemos nos trabalhar?*

MOLIK: Não sei. Nunca trabalhei sobre mim mesmo (myself), apenas sobre o si mesmo (self). Não sei o que é. Sempre trabalho para alguém ou com alguém. Nunca trabalho voltando-me para isso, ou seja, para mim mesmo.

CAMPO: *Mas seu aluno, quando ele ou ela estão fazendo a atividade, estão trabalhando sobre eles mesmos.*

MOLIK: Sim.

CAMPO: *E qual é o propósito? Por que é tão importante? Para que serve? Por que razão ele está trabalhando?*

MOLIK: Para ele mesmo.

CAMPO: *Mas qual é o resultado disso? Por que fazer? Para ser melhor, ser capaz de fazer algo, desenvolver, melhorar habilidades, para quê?*

MOLIK: Talvez para o seu próprio prazer, não sei. Não acredito que ele será melhor por conta disso, mas sinto que isso gera prazer. Ou, talvez seja melhor dizer, satisfação. Dá a ele satisfação, então, com ele, eu me sinto útil.

CAMPO: *Existem muitas maneiras de conquistar o prazer; esta é uma atividade muito específica e especial.*

MOLIK: É uma delas, então escolhi esta.

CAMPO: *Você acha que deveria haver um prazer na atuação, no teatro?*

MOLIK: Não, não acho que estamos falando de atuação e teatro agora. Estamos falando de pessoas.

CAMPO: *Sim, mas faz com que eu reflita sobre isso. Há estudiosos que agora afirmam que deve haver prazer no teatro. Não tenho certeza em relação a isso. Acho problemático, porque o prazer está sempre direcionado para a satisfação de si mesmo, do chamado "ego". Considero esta ideia particularmente perigosa quando tratamos de teatro. Seria um problema sério, já que todo o trabalho está direcionado no sentido de transcendência do ego e este é o sentido profundo do "ato total". É por isso que prefiro usar o termo "alegria" ao invés de "prazer" para indicar a meta final do teatro, nossa mais alta conquista. Simone Weil costumava dizer que os prazeres são sempre negativos. Não sei se está certo ou errado, então reflito sobre isso. Esta é uma outra questão. Podemos falar do prazer na atuação: se deve haver prazer no teatro ou não, e como, quando, através de que aspecto, de que maneira. Não sei se isto está realmente certo.*

MOLIK: Também não sei.

CAMPO: *Você já teve prazer em atuar?*

MOLIK: Não tanto em atuar mas, nesse estilo de vida, sim. Encontro um tipo de prazer nisso e se não for prazer de verdade, posso dizer que gosto deste estilo de vida. Muitas vezes, é muito difícil, e encontro prazer justamente nestas dificuldades, na luta contra estas dificuldades. Talvez seja uma compensação pelo fato de não ser um guerreiro, uma espécie de substituição.

CAMPO: *Poderia ser a nostalgia de não ser guerreiro.*

MOLIK: Sim, neste sentido, não estamos distantes da nostalgia. Então voltamos para o ponto de início.

CAMPO: *Gostaria de saber mais algumas coisas sobre o Parateatro e o começo dele. Como foi o começo do Parateatro para você e o que de fato aconteceu?*

MOLIK: O começo do parateatro, neste período, foi difícil para mim, porque naquela época eu já era um ator muito profissional. As outras pessoas do grupo eram mais ou menos abertas, porque não eram tão profissionais quanto eu, então eu tive alguns problemas. No começo, como você poderá se lembrar, estava ocupado com outras atividades. Era o *chauffeur*, o motorista, e estava preocupado com mantimentos para o grupo. Foi só depois que entrei no processo. Foi só depois de seis meses que pude participar de ações em que havia participantes, com cerca de trinta, quarenta ou cinquenta pessoas, e eu era um dos líderes, como os outros. Mas no começo, eu estava um pouquinho de fora, não conseguia me encontrar na atividade.

CAMPO: *Você seguiu alguém para tornar-se líder? Foi alguém que te liderou, te treinou, ou veio naturalmente?*

MOLIK: Não, em determinado momento decidi que "podia entrar" e agarrei a oportunidade, e fiquei bem, me senti como um líder nato.

CAMPO: *Começar o parateatro foi uma decisão unilateral de Grotowski. Não houve discussão, acordo ou processo coletivo. Foi simplesmente uma decisão de Grotowski.*

MOLIK: Sim, foi simplesmente ideia dele.

CAMPO: *E todos vocês concordaram ou não? Havia alguma tensão ou discussão?*

MOLIK: Não houve tensão ou discussão, alguns se adequaram imediatamente e outros não. Eu precisei de mais tempo para me adequar do que os meus colegas.

CAMPO: *Mas, no geral, a ideia foi aceita.*

MOLIK: Sim, é claro.

CAMPO: *Quando leio sobre parateatro sempre vejo descrições de alguns eventos, atividades, ações, líderes e até guias, mas nunca tem nada disponível sobre Grotowski. Qual foi o papel de Grotowski no parateatro?*

MOLIK: Bem, ele teve a ideia e a doou e, depois, só aparecia de tempos em tempos, durante um curtíssimo período de tempo. Andava pela sala ou ficava encostado na parede, era apenas um espírito que assistia a tudo e jamais participava de nada.

CAMPO: *Ele não estava envolvido na criação de diferentes ações e projetos?*

MOLIK: Não.

CAMPO: *Ele realmente era apenas uma testemunha?*

MOLIK: Ele costumava apenas dar tarefas a todos. Inventava os eventos e tudo referente a eles e organizava tudo temporalmente; se algo deveria durar duas horas ou dois dias, por exemplo.

CAMPO: *E o que fazer era o seu "problema".*

MOLIK: Isso mesmo.

CAMPO: *O texto final de* Apocalypsis cum Figuris, *de Simone Weil, é muito significativo para mim. Acho estranho, quando leio sobre* Apocalypsis, *que outros autores, como Dostoiévski, Eliot e textos bíblicos, são sempre citados, e tem muita coisa escrita a respeito deles. Mas ninguém comenta o texto de Simone Weil, que é tão bonito e especial.*[3] *Ele em si é muito importante, mas*

---

[3] No fim de *Apocalypsis cum Figuris,* em uma sequência à luz de velas, um pouco antes de ser expulso por Simpleton (Ryszard Cieslak) como o último dos doleiros no templo, John (Stanislaw Scierski) professa a ele a seguinte fala de um discurso adaptado do "Prólogo" de Simone Weil: "Você entrou no meu quarto e disse: 'Pobre é aquele que nada entende, que nada sabe. Venha comigo e ensinarei coisas que você nunca sonhou poderem existir'. Você pediu que eu subisse com você até o sótão e, da janela aberta, pode-se ver a cidade toda, um andaime de madeira e um rio onde os barcos estavam sendo descarregados. Nós estávamos sozinhos. Do armário você pegou um pão, que compartilhamos. O pão tinha gosto de pão de verdade. Nunca mais senti um gosto verdadeiro. Você prometeu me ensinar, mas nunca me ensinou nada. Chegou o dia em que você disse: 'E agora, vá embora'. Nunca tentei te encontrar de novo. Compreendi que você chegou até mim por engano. Meu lugar não é no sótão. Qualquer outro lugar, na cela de prisão, na sala de espera da estação de trem, qualquer lugar, menos aquele porão. Às vezes não consigo deixar de repetir, com medo e uma consciência cheia de remorso, um pouco do que você me disse. Mas como posso me convencer de que eu me lembro? Você não vai me dizer, você não está aqui. Sei que você não me ama. Como é que você poderia ter me amado? E ainda assim, tem algo dentro de mim, uma pequena parte que, nas profundezas da minha alma, tremendo de medo, não consegue se defender contra o pensamento que, apesar de tudo, você... Oh, Jesus!". "You came into my room and said: 'Poor is he who understands nothing who knows nothing. Come with me and I will teach you things you never dreamed'. You told me to leave and go with you to the attic, where from the open window one could see the entire city, a sort of wooden scaffolding and a river on which we shared. The bread truly had the taste of bread. Never again did I perceive such a taste. You promised to teach me but you taught me nothing. One day you told me: 'and now go'. I never tried to find you again. I understood you came to me by mistake. My place is not in that attic. Anywhere else: in the prison cell, a railroad waiting room, anywhere but not in that attic. Sometimes I can't keep from repeating, with fear and a

foi também inserido em uma posição crucial daquela produção e no trabalho da companhia em geral. Ele apareceu em um momento crucial, porque é o último grande monólogo antes do fim da apresentação, que coincide com o fim do trabalho de Grotowski no Teatro dos Espetáculos, e do seu também. Gostaria de saber se o pensamento dessa autora tem qualquer tipo de influência sobre seu trabalho, se ela foi uma das autoras que você costumava ler.

MOLIK: Não costumávamos ler Simone Weil naquele momento. Era uma escolha de Grotowski e Flaszen. Eles escolhiam todos os textos.

CAMPO: *Então eles claramente liam essa autora, era importante para eles.*

MOLIK: Sim, ela era. As últimas palavras, "Vá, e não volte nunca mais", era de Dostoiévski, mas antes havia o texto de Weil, que utilizávamos enquanto lavávamos as bacias e fazíamos algumas outras ações relacionadas ao texto.

remorseful conscience a little of what you told me. But how can I convince myself that I remember? You won't tell me, have loved me? And yet, there is within me something, a small part of me which, in the depths of my soul, trembling with fear, can't defend itself against the thought that maybe, in spite of everything, you... Oh, Jesus!". [Do programa original, em inglês, de *Apocalypsis cum Figuris*]

Oitavo dia

OS ESPETÁCULOS | CONHECER GROTOWSKI | O TEATRO LABORATÓRIO

CAMPO: *Agora podemos iniciar a segunda parte, comentando sobre a sua história artística. Tudo que sei foi encontrado em textos diferentes, então não é fácil realizar a reconstrução com todos os detalhes. Fiz uma lista de todas as suas apresentações. Poderíamos começar dizendo algumas palavras, apontando algumas memórias para cada um. Talvez o começo seja o Porwanie Sabinek, de 1957. Até onde sei, foi a sua primeira produção "oficial".*

MOLIK: Sim, foi na escola teatral, na academia de teatro. Era apenas para o diploma. Era uma peça agradável, muito engraçada e a executávamos com muito prazer. Kasimir Rudzki dirigiu essa peça. Era uma comédia.

CAMPO: *O que você fazia?*

MOLIK: Fazia o papel de um marido.

CAMPO: *Você usou alguma técnica específica? Como é que você criou a personagem?*

MOLIK: Não foi nada especial, era apenas uma apresentação escolar.

CAMPO: *Você se recorda de algum amigo ou colega?*

MOLIK: Sim, todos estão presentes naquelas fotos,[1] na despedida da escola de teatro. Alguns eram meus professores e outros eram meus colegas. É possível ver quase toda a minha classe nas fotos. Começamos com dezesseis integrantes, depois perdemos algumas pessoas e finalizamos com quatorze. Alguns ainda estão em Varsóvia, outros desapareceram. Em uma das fotos, é possível ver o *accompagnateur* que tocou o piano quando estávamos cantando músicas diferentes com o professor Sempolinski, um homem fenomenal. Era um grande especialista do *fin de siècle* e trabalhamos com as músicas do *fin de siècle*: ta-taratta-ta-taratta-ta--tarttatam e pom-pom-pom-pom-pom-pom... esse tipo de coisa. Ele era um homem fantástico. Outra figura é Polomski, um *chanteur* muito conhecido, um cantor, uma espécie de Perry Como polonês ou algo assim, com um estilo muito "confidencial", de "fácil escuta". Kasimir Rudzki era o nosso decano e tinha também os

---

[1] Ver a galeria de fotos no DVD.

professores Perzanowska, Witkowski e Bardini, com seu bigode. Naquela época, o assistente de Rudzki era Lapicki. Um rapaz bem jovem, talvez tivesse 23 anos, tinha quase a minha idade quando eu acabei a faculdade. Claro que, mais tarde, se tornou professor.

CAMPO: *Bardini é um nome italiano.*

MOLIK: Provavelmente, mas ele era polonês.

CAMPO: *Seus colegas tinham boas carreiras no teatro, na indústria do entretenimento e em áreas relacionadas a isto?*

MOLIK: Não muitos, mas alguns tinham sim. Como Zdzisio Szymborski, que permaneceu durante um longo tempo no Teatro Syrena, que tem um repertório bem leve. E Wiskowska, que também estava nesse teatro, e Barbara Prosniewska, que também estava em Syrena.

CAMPO: *Para 1958, tenho diferentes coisas relacionadas aqui. No mesmo ano, algumas apresentações em Lódz, como Komisarz, em* Liliomye [Gangsters]*, e como o Major, em* Pulapce Na Myszy [A Ratoeira]*, de Agatha Christie, e outra em Opole, como Maurycy em* Lecie w Nohant. *Você pode dizer alguma coisa sobre estas apresentações?*

MOLIK: Não lembro exatamente quais foram as primeiras. Não lembro o que fiz ali, mas tem algumas fotos. Foi em Lódz, capital do filme polonês, em um teatro chamado 7.15, Sete e quinze. Fiz com um amigo ao longo de um ano. Terminamos a Academia Teatral na mesma época. Estas [apresentações] foram feitas um ano após o término da Academia. Em uma deles, fazia o papel do médico, era uma peça de Molnar, um escritor húngaro, um dramaturgo. Depois, em *A Ratoeira*, de Agatha Christie, eu fazia o papel do Major, que era um homem idoso, muito sério, e fumava cachimbo.

CAMPO: *Nada de muito interessante.*

MOLIK: Realmente, nada de muito interessante. Depois de um ano, fizemos uma peça sobre Frédèric Chopin chamada *L'Été en Nohan*, em Opole. O autor era Iwaszkiewicz e Jerry Antczak era o diretor. Mais tarde ele fez um filme a partir da peça.

CAMPO: *Do que se tratava? Aqui você fez o papel de Maurycy.*

MOLIK: Era o filho de George Sand, de uma dama que tinha um caso amoroso com Chopin. George Sand estava com Frédèric Chopin. Solange era a sua filha. Fiz o papel de um rapaz, não era nada especial.

CAMPO: *Em 1959, Fabian, em uma peça de Shakespeare. Sobre o que era exatamente?*

MOLIK: Foi em *Wieczór Trzech Króli* [Dia de Reis]. Eu era um dos três ou quatro personagens que fazia algumas piadas.

CAMPO: *Esse foi o primeiro dos seus encontros com Shakespeare, então foi interessante para você. Foi provavelmente a primeira experiência interessante em termos de trabalho de ator.*

MOLIK: Foi interessante, sim.

CAMPO: *Do que você se recorda dessa experiência?*

MOLIK: Lembro-me de não ser um mau comediante.

CAMPO: *E depois você entrou no Teatro Laboratório e basicamente fundou a companhia.*

MOLIK: Sim. Grotowski me encontrou no teatro normal, e veio para Opole.

CAMPO: *A sua personagem era cômica e shakespeareana.*

MOLIK: Sim, mas ele não foi assistir. Ele se lembrava de mim da escola de teatro. Nos conhecemos no acampamento de verão e marcamos uma reunião.

CAMPO: *Então era uma relação pessoal, não profissional. Ele não tinha te visto no palco.*

MOLIK: Não, nunca no palco. Nos conhecemos antes, na escola.

CAMPO: *A primeira produção do Teatro Laboratório foi Orfeu, baseado em Cocteau. Como foi?*

MOLIK: Foi uma apresentação interessante. Eu fazia o papel de uma espécie de mensageiro.

CAMPO: *Você se lembra de alguma coisa? Era o começo da companhia.*

MOLIK: Lembro que deixou todos embasbacados porque, em determinado momento, fui encontrado colado na parede. E para as pessoas foi uma imensa surpresa, pois antes eu estava em pé em um pequeno *tabouret*, um banquinho para apoiar os pés, perto da parede, e meu parceiro tirou o *tabouret* e fiquei grudado na parede. Em cima do *tabouret*, tinha um pedaço de aço, então, quando o *tabouret* foi removido, parecia que eu estava grudado. Então teve um "Ahhh" da parte dos espectadores, que pensaram: "como é que ele pode estar preso na parede, grudado desta maneira?". Apenas porque tinha um pequeno pedaço de metal invisível. Eu estava levitando. Foi um grande sucesso.

CAMPO: *Mas como foi o trabalho?*

MOLIK: Muito interessante, porque a apresentação foi feita em dez dias. Grotowski estava completamente preparado e fez a apresentação em uma semana. O ensaio, a preparação, foi tudo feito em dez dias e a peça pôde estrear.

CAMPO: *Foi apresentado durante quanto tempo?*

MOLIK: Três ou quatro semanas. Em seguida fizemos *Caim*.

CAMPO: *Sim, em 1960. O ano de 1960 foi repleto de coisas.*

MOLIK: Sim, porque a cada mês fazíamos algo diferente.

CAMPO: *Em janeiro, teve Caim. Qual foi o estilo de atuação que você usou na época?*

MOLIK: O estilo escolar, que veio da escola que eu tinha frequentado e também dessa temporada em Lódz. Fiz o meu melhor e inventei muitas coisas. Fui muito inventivo naquela época, sugeria muitas coisas.

CAMPO: *Você teve mais liberdade do que depois, é o que você quer dizer.*

MOLIK: Sim, com certeza. Depois não tive mais tanta liberdade, como nas primeiras apresentações. Naquela época, estava dando muitas sugestões mas, mais tarde fui apenas um executor das ideias de Grotowski. No começo, estava sempre dando ideias estranhas que eram imediatamente aceitas por Grotowski. Todas as apresentações eram repletas de alegria. Mesmo que não fossem necessariamente comédias, elas eram muito alegres.

CAMPO: *E isso continuou até quando?*

MOLIK: Foi até 1961, em todas as primeiras apresentações. Então, em *Orfeu*, em *Caim* e, mais tarde, em Mistério Bufo, bem como em *Sakuntala*.

CAMPO: *Houve ainda* Os Antepassados, *baseado em Mickiewicz. Você também teve mais liberdade aqui, dava algumas ideias?*

MOLIK: Não, nesse momento estava sendo liderado. Trata-se de *Dziady* [Os Antepassados], e em *Dziady* encerrou-se a fase em que eu dava muitas idéias e trazia muita inovação. Fiz o papel de Konrad, o grande herói nacional.

CAMPO: *Houve uma mudança. Então, esse foi o momento da mudança.*

MOLIK: Sim, essa foi a mudança.

CAMPO: *Vejo que aconteceram outras coisas em 1961. Você foi diretor-ator em Pamietnik, ainda no Teatro das 13 fileiras, em Opole, e fazia o papel de um herói local que liderou um levante em Silesia. Depois, O Idiota, de Dostoievski, dirigido por Krygier e apresentado pela companhia.*

MOLIK: Cantei duas árias de Tchaikovsky, uma de *Onegin* e outra de *A Dama de Espadas* [Dama de Espadas].

CAMPO: *Por que Grotowski não foi o diretor?*

MOLIK: Era apenas uma distração e ele concordou.

CAMPO: *Em seguida teve o cabaré.*

MOLIK: Sim, o *Kabaret Blazeja Sartra*. Era um cabaré. Era uma espécie de cabaré criado por nós, sem Grotowski.

CAMPO: *E você era o diretor.*

MOLIK: Sim, eu estava dirigindo.

CAMPO: *Então foi naquele ano que você teve suas primeiras experiências como diretor.*

MOLIK: Sim, a primeira e a última.

CAMPO: *Na verdade, eu sei que houve outras.*

MOLIK: Sim, mas muito depois.

CAMPO: *Seria interessante tratarmos mais destas primeiras apresentações como o Caim, baseado em Byron, por exemplo. Como foi feito? Você usava um tipo de estilo de vanguarda, algo assim.*

MOLIK: Sim, fizemos um duelo com tochas. É claro que tudo naquela época era uma sugestão pessoal, porque Grotowski não estava muito interessado em coisas tão pequenas.

CAMPO: *Você disse que apesar de ele organizar tudo previamente, você tinha bastante liberdade. Qual era a natureza dessa organização? Era sobre o que, se não era sobre a atuação?*

MOLIK: Tínhamos liberdade, sim. Entretanto, ele era responsável pela apresentação como um todo; a direção geral, os figurinos, a luz e todo o resto.

CAMPO: *Você usava música?*

MOLIK: Não, tinha apenas um violão para a música.

CAMPO: *Você sempre tocou a música ao vivo, nunca usou música gravada.*

MOLIK: Nunca, apenas ao vivo, durante anos.

CAMPO: *Você afirmou que estava aproveitando a vida, mas que sempre estava no centro do palco, como protagonista, e foi fundamental em todas as produções. Acredito que pela maneira como você realizava seu trabalho, não era apenas um emprego ou um estágio, mas algo de suma importância na sua vida.*

MOLIK: Sim, estava tão cansado. Estava tão exausto de representar que depois do *Akropolis* tive que sair, como você lembra. Não estava fisicamente apto para apresentar em uma situação difícil como aquela. Fui para Cracóvia me recuperar durante um ano e meio. Voltei em 1965, porque tinha um convite para viajar junto com o *Akropolis* para um festival internacional em Paris, que era muito importante para nós. Não estava presente na primeira viagem e depois viajei, em 1967.

CAMPO: *Acredito que as primeiras produções são bem importantes também. Sakuntala, por exemplo, baseado em Kalidasa.*

MOLIK: Sim, era uma apresentação muito bonita.

CAMPO: *Posso imaginar, a partir das fotos e de outras informações que tenho. Era lindo e importante e uma das primeiras vezes que um texto indiano foi encenado no Ocidente.*

MOLIK: Nessa apresentação mostramos um trabalho competente.

CAMPO: *Foi o primeiro trabalho que gerou satisfação.*

MOLIK: Foi o primeiro trabalho em que o grupo teve uma boa atuação, e não apenas eu, como ator. Nesse espetáculo foi a primeira vez que apresentamos as qualidades de diferentes atores como Rena Mirecka, Antoni Jaholkowski e outros.

CAMPO: *E Mistério Bufo?*

MOLIK: *Mistério Bufo* ainda era o meu papel.

CAMPO: *Então a verdadeira mudança foi com* Sakuntala.

MOLIK: Na verdade, não.

CAMPO: *Como foi* Mistério Bufo?

MOLIK: *Mistério Bufo* foi muito engraçado. Era uma peça muito engraçada, baseada em Maiakovski. Houve uma apresentação com apenas uma pessoa na plateia – uma garota que ria muito em meio a uma sala completamente vazia. Foi uma apresentação inesquecível, porque pudemos improvisar pautados na reação dessa espectadora. Improvisamos uma *commedia dell'arte*, e foi tão engraçada que ela estava quase caindo da cadeira de tanto rir.

CAMPO: *As apresentações eram feitas para uma plateia normal?*

MOLIK: Não, não para uma plateia normal. Só para sete, oito ou nove espectadores.

CAMPO: *Tão poucos?*

MOLIK: *Poucos*, muito poucos.

CAMPO: *E o que é o* Fausto *de Goethe, em Poznan, em 1960?*

MOLIK: Eu não estava presente. Grotowski fez o *Fausto* de Goethe em Poznan. O nosso era o *Fausto* de Marlowe.

CAMPO: *Voltemos a Caim, baseado em Byron. É um texto muito forte.*

MOLIK: É uma peça muito bonita e foi lindamente realizada. Era como cantar e brincar, não era apenas um texto.

CAMPO: *E Os Antepassados?*

MOLIK: *Dziady*. Era um grande drama nacional escrito por Mickiewicz.

CAMPO: *Era romântico, então.*

MOLIK: Uma peça romântica.

CAMPO: *Como era? Era a sua primeira grande peça romântica. Depois você ainda fez Wyspainski, mas esta era a primeira, então para você deve ter sido muito diferente das produções anteriores.*

MOLIK: Sim, era uma peça muito séria. Mas, claro, não de uma maneira convencional. Havia um longo monólogo: "Você que profetiza meu espírito, apreenda o sentido da canção, seu olhar verá o esplendor do brilho". Havia, portanto, este monólogo muito longo, de vinte minutos, como em *Caim*, em que fiz Alpha e Ômega.

CAMPO: *Por que você diz que não foi feito de maneira convencional? O que você quer dizer?*

MOLIK: O herói de *Dziady* [Os Antepassados], estava vestido como um capelão, ornamentado de maneira típica, mas, ao invés de uma cruz, ele carregava uma vassoura nos ombros.

CAMPO: *Estavam tirando sarro do clero.*

MOLIK: Era uma blasfêmia, uma grande blasfêmia. Houve um pequeno escândalo. Os críticos ficaram escandalizados.

CAMPO: *Por que faziam isso?*

MOLIK: Porque Grotowski tinha essas ideias, o conceito de derrisão e apoteose, algo muito alto sobreposto a algo muito baixo. Foi por isso que fizemos dessa maneira.

CAMPO: *No mesmo ano, dois documentários foram produzidos: Pombos de Barro e Turistas.*

MOLIK: Estas eram coisas muito pequenas, realizadas sem a minha presença.

CAMPO: *Em 1962, tivemos Kordian e a mudança do nome da companhia.*

MOLIK: Sim, antes era o Teatro das 13 Fileiras e depois mudamos para Teatro Laboratório.

CAMPO: *Sim. De Teatro das 13 Fileiras, para Teatro Laboratório das 13 Fileiras e, depois, só para Teatro Laboratório. Esta mudança de nome foi importante?*

MOLIK: Não sei, a decisão foi tomada junto com Flaszen; de Teatro para Teatro Laboratório.

CAMPO: *E foi uma mudança para você ou uma continuação do mesmo trabalho?*

MOLIK: Era o mesmo trabalho.

CAMPO: *E Kordian?*

MOLIK: Era outra peça romântica nacional, de Slowacki. Ela era localizada em uma espécie de asilo de doentes mentais. Trabalhávamos com e em cima de beliches. Existem algumas fotografias.

CAMPO: *Como foi o seu trabalho?*

MOLIK: Eu era um médico e o papa.

CAMPO: *O papa?*

MOLIK: Eu tinha dois papéis: o papa e o chefe do hospital.

CAMPO: *Como você construiu suas personagens?*

MOLIK: Da maneira habitual. Eu era um médico primeiro e, depois, quando fiz o papel de um papa, eu era um papa. Não houve uma construção, era mais uma apresentação das personagens. Não havia nada importante para analisar, então não eram papéis complexos. Então, simplesmente vestia-me de branco e utilizava um estetoscópio, o dispositivo que o médico usava para auscultar.

CAMPO: *Em seguida, chegou Eugenio Barba.*

MOLIK: Sim.

CAMPO: *Barba chegou em 1962, quando você já estava começando o* Akropolis. *Ele chegou depois de um tempo ou no começo do trabalho?*

MOLIK: No começo.

CAMPO: *Ele influenciou o seu trabalho?*

MOLIK: Não, naquele momento, ele era apenas um praticante.

CAMPO: *Então ele ficava em silêncio.*

MOLIK: Sim, ele apenas assistia e aprendia. Recordo-me que preparava um ótimo espaguete, um espaguete italiano com *fruits de mer* e tudo. *Eu me lembro bem disso.*

CAMPO: *Existem versões diferentes de* Akropolis. *Quais são as diferenças?*

MOLIK: Eram diferentes porque alguns papéis mudaram. Estes papéis mudaram pois tive que deixar o teatro por um tempo.

CAMPO: *Foi por isso que mudaram, por sua causa, porque você foi embora.*

MOLIK: Sim, foi porque saí. Não por minha causa e sim por causa da minha ausência. Mas só alguns papéis se transformaram, não muitos, só um ou dois, mais papéis secundários. Tentaram encontrar um outro ator para o meu papel, mas não foi possível. Então, houve um intervalo durante um ano e meio e depois, quando retornei, nós reconstruímos o espetáculo.

CAMPO: *Então foi quase a mesma coisa.*

MOLIK: Sim, foi exatamente a mesma coisa. Tentaram fazer uma substituição, substituir-me por Cieslak, mas não foi possível, e, então, desistiram; Grotowski desistiu.

CAMPO: *Cieslak já estava pronto para fazer um grande trabalho.*

MOLIK: Ainda não. Era um trabalho fundamental, mas ele começou de fato em *Fausto*. Cynkutis fazia o papel de Fausto e Cieslak era Benvolio, e esse já foi um grande papel. Porque ele começou a trabalhar pessoalmente com Grotowski e este foi o primeiro passo. Depois, ele era O *Príncipe Constante* e apareceu também em *Hamlet*. Ele fez um ótimo trabalho em Hamlet e criou uma cena genial em um banheiro, em que tomava um banho imaginário. Era apenas uma cena, mas...

CAMPO: Akropolis *era um trabalho muito particular para você.*

MOLIK: Tentamos compor uma apresentação pela primeira vez sem nos atermos a convenções e pressupostos. Foi um novo desafio para nós, encontrar uma nova expressão, um novo meio de expressão. Havia uma partitura que oscilava entre o canto e a fala. Tudo era exprimido como se houvessem notas muitos específicas e tudo era novo para nós. Não estou dizendo que não havia algo de similar anteriormente. Em *Sakuntala*, havia uma abordagem semelhante, mas tinha algumas diferenças. Em *Sakuntala*, tudo era mais natural, e em *Akropolis*, tudo era composto de forma muito artificial. Foi uma experiência nova para nós, para todos nós.

CAMPO: *Não derivou de improvisações, foi criado a partir de uma ideia específica.*

MOLIK: Sim, foi como criar uma composição de notas vivas.

CAMPO: Sakuntala, *ao contrário, foi criado através de improvisações próprias.*

MOLIK: Exatamente, era como cantar, cantar normalmente, enquanto em *Akropolis* tudo foi criado artificialmente.

CAMPO: *Não era criado pelos atores.*

MOLIK: Não, era criado pelos atores, mas os atores criavam partituras artificiais, não eram orgânicas, como foram em *Sakuntala*, eram como as composições Stockhausen ou algo assim.

CAMPO: *E a maquiagem? Em* Sakuntala, *a maquiagem era muito importante, como podemos ver em algumas fotografias.*

MOLIK: É uma história engraçada, porque foi inventada por crianças. As propostas para os figurinos e maquiagens foram feitas por crianças. Isso porque Maszkowski, o homem responsável por todos os arranjos de *Sakuntala*, havia ministrado algumas aulas de pintura em escolas primárias.

CAMPO: *Porque ele era um pintor.*

MOLIK: Sim, ele era um tipo de pintor. Tenho um retrato de Grotowski feito por Maszkowski. É terrível, mas muito especial, porque não é naturalista e sim decomposto e, mesmo assim, Grotowski se reconheceu ali. Era como um ícone muito especial, como estes ícones que temos em pequenas igrejas na parte oriental de nosso país.

CAMPO: *Em* Akropolis, *a maquiagem desapareceu completamente.*

MOLIK: Bom, não diria assim completamente. O fato é que as máscaras eram criadas por nós com os nossos próprios rostos. Cada ator tinha inventado a própria máscara e a apresentação foi feita com estas máscaras.

CAMPO: *Sim, este é o famoso momento, a invenção das máscaras faciais em* Akropolis, *estas expressões fixas e orgânicas de suas faces. Ainda existem alguns desentendimentos sobre a sua criação. Talvez você possa dizer algo sobre isso.*

MOLIK: Posso afirmar que foram inventadas por cada um de nós. Grotowski nos disse: "você precisa encontrar a sua própria máscara", e todos fizeram. Há algumas fotos nas quais elas podem ser vistas.[2]

---

[2] Ver J. Grotowski, *Towards a Poor Theatre*. Londres, Methuen, 1973.

CAMPO: *Sim, são famosas. Sempre quis saber como você conseguia manter a expressão da máscara durante toda a apresentação.*

MOLIK: É uma questão de hábito.

CAMPO: *Torna-se natural para você.*

MOLIK: Sim, no fim se torna natural. Primeiro tínhamos alguns problemas, esquecíamos de manter as máscaras. Depois de algumas semanas não havia mais problemas, eram como nossos outros rostos.

CAMPO: *Estavam relacionados às personagens ou à experiência pessoal de vida?*

MOLIK: Foram criados a partir de nossas experiências pessoais, não eram apenas personagens.

CAMPO: *Então era como encontrar o seu eu ou, talvez, uma outra natureza de si mesmo.*

MOLIK: Sim, como seria em diferentes circunstâncias; em particular, como seria este rosto em um campo de concentração. Cada um seguiu a sua própria imaginação, suas próprias sensações.

CAMPO: *Esse processo valia apenas para o rosto ou era utilizado também para postura e movimentos?*

MOLIK: Era para a postura, rosto e para todo o comportamento destes tipos de ser humano. Estava conectado com um modo especial de caminhar, se movimentar e todo o resto.

CAMPO: *Qual era o seu papel? Quando assistimos ao vídeo, percebemos que você está em uma posição bem proeminente. Apesar de um palco cheio de atores, a sua presença é particularmente forte. Como é que aconteceu?*

MOLIK: O meu papel era o de chefe de uma tribo israelense. Havia duas partes em *Akropolis*; a primeira era israelense e a segunda era grega, em que eu fazia o papel do Príamo, o rei troiano. De qualquer maneira, era a mesma personagem fazendo papéis diferentes em um teatro de prisioneiros de um campo de concentração nazista. Era como um teatro de prisioneiros, que organiza diferentes cenas, como um casamento, por exemplo, quando usam aqueles canos de metal. Um dos [canos] representava, para eles, Raquel com seu véu transparente. Raquel era o cano, a forma da silhueta, coberta com um véu transparente, que era apenas plástico, um pedaço de plástico. E, dessa maneira, organizaram seu próprio teatro, um pouco antes de irem aos fornos para serem queimados.

CAMPO: *E teve o momento em que você usa sua mão de uma maneira especial e começa a entoar um cântico, uma parte muito significativa.*

MOLIK: Sentado sobre os braços das outras pessoas.

CAMPO: *O que era isso exatamente?*

MOLIK: Foi um canto que eu tive que inventar sozinho. Era um hino que ele cantava quando tentava provocar uma disputa com Deus. Ele estava sentado sobre os braços dos outros, provocando Deus, que está acima, no céu. Ele estava proclamando todas suas palavras em direção ao céu, para Deus. No começo era apenas um tipo

	de conversa, já era uma composição, mas era como uma fala, mas, depois mudou, tornando-se um canto, e eu o entoei.
CAMPO:	*Foi sua própria criação ou teve uma música, uma melodia a ser seguida?*
MOLIK:	Foi tudo criação minha, com exceção do texto. O texto que falo é o original de Wyspianski.
CAMPO:	*No ano seguinte, temos* A História Trágica do Doutor Fausto, *de Marlowe, com Cynkutis fazendo o papel principal. E este trabalho?*
MOLIK:	Foi uma das apresentações mais marcantes para mim, justamente porque eu não estava na apresentação. Eu integrava a plateia e fiquei tão impressionado com tudo, embasbacado mesmo. Muitas vezes, senti-me fisicamente aterrorizado. Havia momentos em que sentia o cheiro sulfuroso do inferno. Eu realmente sentia esse cheiro, por exemplo, na cena em que Antoni Jaholkowski estava deitado e Cynkutis pendurado nele com a cabeça baixa. Ele manteve seus joelhos nos braços e a cabeça bem baixa, a poucos centímetros da mesa, já que a ação estava acontecendo na mesa. Enquanto isso, Rena Mirecka cantava de forma característica e assustadora com a garganta meio fechada; era difícil de suportar. Não dava para assistir normalmente; era como se estivéssemos sendo tragados. Estava sentado com o público, mas fiquei muito tocado por aquilo. Algumas das cenas eram fortes demais para mim e senti que a plateia compartilhava desse sentimento. Sim, não só eu, eu era apenas um a mais no público, mas o restante do público teve a mesma

sensação que eu. Era uma experiência absolutamente extraordinária de transformação do tempo presente, transformação do local, transformação de tudo. Não sentíamos que estávamos assistindo a uma apresentação e sim a algo tão incomum que parecia ser sublime, estar fora da terra, algo impossível, em algum lugar outro, e não sabíamos que lugar era esse.

CAMPO: *Era como estar em outro planeta e o seu papel era somente estar sentado com os outros espectadores.*

MOLIK: Sim, eu tinha uma ou duas frases no começo, como convidado, já que os espectadores eram convidados em uma mesa de jantar. Havia duas longas mesas em que acontecia a ação da peça. Eu tinha duas frases, meu envolvimento era mínimo. Minha fala era dirigida a Fausto, era algo como "Porque você se encontra neste estado...". Não lembro exatamente o que eu disse, mas sei que foi uma pergunta dirigida a Fausto. Depois, eu permanecia sentado e do outro lado da mesa estava Maciej Prus, que em seguida se tornou um renomado diretor polonês, mas naquela época era um ator muito jovem e fazíamos o papel dos dois convidados. Ele também dizia uma ou duas frases, umas poucas palavras. Mais paraa frente, havia uma cena terrível, em Cieslak, como Benvolio começava a destruição destas mesas. O que ele dizia com suas ações físicas era grave e inacreditável, como se em outro nível de realidade. Ele começava a destruir as mesas e parava um pouco antes de tocar nos espectadores. Ele destroçou as tampas das mesas, foi uma cena muito, muito difícil para ele, já que tinha que tomar cuidado para não machucar as pessoas da plateia. Ele estava enlouquecido, então, todas as suas ações eram muito violentas. Entretanto, todas as suas ações deviam ser incrivelmente precisas, para que nenhum passo em falso machucasse um espectador. Poderia ter terminado em tragédia para alguém. Foi minha apresentação preferida do nosso grupo, dentre todas as outras que vi. Depois, eu só fui tomado assim tão fortemente pela ação de um espetáculo em alguns pouquíssimos e excepcionais momentos. Muito pouco em *O Príncipe Constante*. Com o *Fausto* era uma experiência muito, muito forte e me senti tomado daquela mesma maneira em metade das apresentações; aconteceram mais ou menos noventa. Senti essa mesma intensidade em quatro, ou talvez cinco, das apresentações de *O Príncipe Constante*.

CAMPO: *O motivo de você estar fazendo apenas o papel de convidado em Fausto foi que naquela época você teve um período em que precisou se afastar da companhia, fazer uma pausa e ir para um teatro normal em Cracóvia. Em que papéis você atuou lá?*

MOLIK: Nada de importante, o repertório era popular e quase de *boulevard*.

CAMPO: *Era mais que um show?*

MOLIK: Sim, era mais. Eu havia estado em Cracóvia durante um ano e meio. Na época do *Fausto*, já estava exausto. Estava tão cansado fisicamente que não dava para continuar.

CAMPO: *Você precisava de um descanso.*

MOLIK: Sim, foi o começo de uma pausa; na verdade, acabei indo depois para Cracóvia descansar, fazendo um teatro normal, o Teatro Bagatela. Tirei férias durante um ano e meio em Cracóvia. Fiquei até o fim da temporada de 1964.

CAMPO: *Então você estava vivendo lá. Mas antes dessa época, você estava com a companhia e ainda trabalhava da mesma maneira com o seu treinamento e todo o resto. Você não estava fora da situação, estava envolvido em tudo. Nós temos apenas alguns fragmentos do Fausto no vídeo e lá podemos ver uma grande cena de Cynkutis brincando com o vento.³ Está bem claro que havia uma prática de exercícios por trás disso, que é a oposição de vetores. Você já trabalhava com isso? Gostaria de saber se é verdade que você estava trabalhando naquela época com os exercícios de vetores opostos.*

MOLIK: Sim, costumávamos fazer exercícios físicos e plásticos o tempo todo.

CAMPO: *E o que era exatamente este trabalho com os vetores opostos?*

MOLIK: É justamente quando você trabalha com vetores opostos, com direções diferentes, direções opostas de ações.

CAMPO: *E pode ser feito com qualquer movimento.*

MOLIK: Sim, é claro.

CAMPO: *Temos em seguida, o Estudo sobre Hamlet, baseado na versão de Wyspianski da peça shakespeareana. Esta é reconhecidamente uma grande mudança para você;*

---

³ Em *Theatre Laboratorium* (*List z Opole*, "A Carta de Opole"). Produzido por P. W. S. Tif. Lódz, 1963. Diploma Film. Dirigido por Michael Elster.

parece que a partir desse momento, você desenvolveu uma abordagem diferente para o trabalho. Foi o momento em que você começou a se movimentar em direção ao conceito e à prática da Via Negativa.[4]

MOLIK: Deixamos de lado qualquer composição. Até então sempre havia existido diferentes tipos de composição em nossas apresentações. Naquela época, com *Hamlet*, tomamos um primeiro passo no sentido da pesquisa com o organismo em si mesmo, deixando toda a composição de lado.

CAMPO: *Depois, a partir de janeiro de 1964, houve outras versões de* Akropolis. *Você encenou* Akropolis *até 1967; a quinta e última versão foi apresentada em maio.*

MOLIK: Nós apresentamos esta peça durante muitos anos; foi a peça mais executada de todas. Tem diferentes versões porque, como eu disse, alguns papéis minoritários mudaram. Szajna, que foi um prisioneiro do campo de concentração de Auschwitz, era o figurinista e, Gurawski, o cenógrafo.

CAMPO: *Em 1965, havia muitas coisas. Esse foi o ano de O Príncipe Constante. Mas, antes disso, tiveram outras coisas, como* O Pombo, *um curta-metragem rodado em 1964, em que você brinca com um pombo. De que se tratava esse trabalho? Porque você fez, qual foi a ocasião?*

MOLIK: Era um curta-metragem realizado em uma cela de prisão com um pombo. Foi filmado em Opole, por um clube amador, Kreciolek. Estou preso nessa cela e

---

[4] Grotowski elaborou gradualmente sua abordagem revolucionária do trabalho com atores baseado em subtração, ao invés de em acréscimo de elementos, conforme a descrição em sua obra *Em Busca de um Teatro Pobre*.

um pombo entra. Um garoto pediu que eu atuasse e simplesmente fiz. Mas não era nada em particular, era um filme amador, simples, muito normal, que ganhou alguns prêmios posteriormente em um festival para cineastas amadores. É bem curto.

CAMPO: *Curto, sim, mas preciso dizer que não é muito normal. Eu assisti. Gostaria de saber sobre o fim que foi dado ao pombo, porque ele parece ter sido muito mal-tratado.*

MOLIK: Você assistiu? Eu não assisti. Vi apenas quando foi lançado. Não lembro o que aconteceu no filme. De qualquer maneira, fiz vários papéis em outros filmes, mas não tenho nada de interessante para dizer sobre isso neste contexto.

CAMPO: *No meio da década de 1960, você fez Etelme, que é um ator-oratorium. O que era isso exatamente?*

MOLIK: Foi um destes eventos que acontecem de vez em quando. Foi realizado provavelmente na ocasião da morte de um homem muito conhecido na Silesia. Silesia é uma região da Polônia, Slask, em polonês. Foi algo como um *oratorium* [um elogio fúnebre], algo que era feito em memória de alguém. É um tipo de montagem em que há alguns poemas, alguns *cantate*. Às vezes com uma grande orquestra, com um grande coro e com algumas recitações. Se não me falha a memória, naquela época foi feito com uma orquestra sinfônica no palco, e com três atores.

CAMPO: *Em 1965, você fez o papel de Robert em* Latajacych Narzeczonych, *em Cracóvia. O que era isso?*

MOLIK: Era *Boeing Boeing*. O título era *Boeing Boeing* como o avião ou *A Noiva Voadora*. Era sobre uma jovem mulher que está de casamento marcado. Era uma peça muito popular, feita apenas para entreter, puro entretenimento. Não havia nada de importante ali.

CAMPO: *Em 1966, Mówca em Strachu i Nedzy Trzeciej Rzezy de Brecht. Você se lembra algo sobre isso?*

MOLIK: Sim, lembro, era um tipo de peça anti-guerra, no Teatro Bagatela, em Cracóvia; *Terror e Miséria do Terceiro Reich*, de Brecht, muito politizado, é claro.

CAMPO: *Como foi fazer Brecht? Você usou alguma técnica especial, alguma técnica brechtiana?*

MOLIK: Não tenho a menor ideia. Não lembro o que fiz. Não tinha nenhum significado especial para mim. Foi normal, aconteceu quando eu ainda estava de licença, de férias em Cracóvia.

CAMPO: *E o diretor?*

MOLIK: Não lembro quem dirigiu.

CAMPO: *Então não teve uma forte influência sob você.*

MOLIK: Não.[5]

---

[5] É importante notar que esta informação remete ao tempo em que a Polônia era um país socialista, um lugar em que atores eram pagos por órgãos oficiais do governo e, muitas vezes, para fazer propaganda; mostra que Molik nunca seguiu as técnicas de Brecht com um interesse específico e que, consequentemente, nunca foram cruciais para o seu trabalho; para ele, todo trabalho que fazia fora da companhia de Grotowski era irrelevante, o que reforça a impressão da singularidade da experiência com Grotowski, algo de que ele se recorda com grande detalhe. (N. A.)

CAMPO: *Acredito que você já era bem famoso e, então, estava livre para fazer o que quisesse ou algo assim.*

MOLIK: Sim. Desempenhei apenas o meu papel. Não tenho a menor ideia do que fiz nessa apresentação.

CAMPO: *Em 1966, no mesmo ano, você representou o gângster em* Kiss me, Kate *[Beije-me, Kate], de Cole Porter. Era um musical.*

MOLIK: Sim, um musical.

CAMPO: *Foi interessante para você?*

MOLIK: Bom, eu me diverti. Inventei tantas coisas ali, e, então, foi uma grande diversão para mim. Estava apenas atuando, completamente relaxado.

CAMPO: *Este é o único musical que você fez?*

MOLIK: Não, também fiz um musical em Lódz, em que eu dançava.

CAMPO: *Você já fez dança.*

MOLIK: Sim.

CAMPO: *E depois você fez outra coisa, como narrador em* Dallas, W samo Poludnie.

MOLIK: Era uma pequena montagem sobre o assassinato de Kennedy, em Dallas, quando ele levou os tiros. Era uma espécie de montagem no palco.

CAMPO: *E por que você era o narrador? Não havia personagens?*

MOLIK: Não havia personagens. Era apresentado com um narrador e alguns músicos. Tomasz Stanko tocava o trompete.

CAMPO: *Stanko, o jazzista.*

MOLIK: Sim, o famoso jazzista. Mas na época estava começando, ele era estudante e nessa peça tocávamos juntos. Eu era o narrador e ele tocava trompete. Um outro músico muito famoso, Ostaszewski, que já tinha anos de experiência, tocava baixo e havia também o percussionista.

CAMPO: *Então a música era jazz.*

MOLIK: Não só jazz, eles apenas tocavam como trio, três pessoas tocando, mas não jazz necessariamente. Fizeram um tipo de ilustração musical. Era uma ilustração musical do que eu estava contando.

CAMPO: *Então você voltou e havia* O Príncipe Constante *para ser feito.*

MOLIK: Sim, entrei em O Príncipe Constante.

CAMPO: *Mas antes de sair você já tinha começado com isso no início do trabalho.*

MOLIK: Sim, tinha começado, mas saí antes da estreia e entrei depois.

CAMPO: *Em uma das primeiras versões.*

MOLIK: Sim, no lugar de Maja Komorowska. Ela tinha feito o papel de Tarudante antes de mim.

CAMPO: *O que aconteceu? Como foi a saída dela?*

MOLIK: Ela saiu de licença maternidade; foi dar à luz o seu filho.

CAMPO: *O que você pode dizer sobre seu trabalho em* O Príncipe Constante?

MOLIK: Eu precisava de um período de tempo para mim mesmo, algumas semanas, e depois tentamos juntos, ensaiamos com todos, com o grupo completo durante uma semana e aí eu fiz o papel. Criei uma personagem diferente, já que não era obrigado a repetir a mesma partitura do ator que havia sido substituído. Era compelido a encontrar uma linguagem comum com os parceiros. Não podia inventar muitas situações novas, mas estava livre para encontrar a minha própria personagem.

CAMPO: *E no palco você podia fazer algumas improvisações ou você atuava sempre dentro da mesma partitura?*

MOLIK: Tive que manter a estrutura da partitura, mas pude fazer algumas alterações. Diferentemente de *Akropolis*, em que tínhamos que nos ater à estrutura e às ações originais, nessa montagem estava livre para fazer as mudanças que queria.

CAMPO: *Você criou uma personagem estranha com chapéu preto e guarda-chuva. Você falou sobre isso alguns anos atrás no teatro da Universidade de Roma e todos ficaram chocados. Muitos críticos, acadêmicos, praticantes e alunos criaram uma concepção acerca de* O Príncipe Constante *baseando-se no filme, e esta revelação mudou completamente a percepção que eles tinham da peça. Cheguei a mostrar umas fotos coloridas dessa personagem em uma exibição na Kent University e as pessoas demonstraram um interesse especial. Como foi a criação da personagem?*

MOLIK: Comecei a trabalhar com o texto e criei a personagem por meio do trabalho com os adereços. Foi uma construção normal.

CAMPO: *E essa ideia da personagem moderna, advinda do século XV, foi aceita por Grotowski e pelos os outros.*

MOLIK: Sim, depois de dois ou três ensaios.

CAMPO: *Havia uma relação entre o começo do trabalho em que você estava envolvido e o que foi feito depois da sua saída? Havia uma conexão ou foram trabalhos muito diferentes?*

MOLIK: Eram completamente diferentes, porque entrei em O Príncipe Constante um ano e meio depois da estreia, e já era um sucesso retumbante no mundo todo. Antes dessa peça, éramos conhecidos apenas localmente, tínhamos participado de um ou dois festivais. Mas em Paris foi como uma bomba. Quando comecei a trabalhar na peça, o elenco já tinha estado em Paris, na Suécia e em Spoleto, na Itália. Depois, quando eles voltaram, após um tempo de alguns meses ou um ano, eu entrei em O Príncipe Constante.

CAMPO: *Li alguns artigos sobre a sua apresentação no Irã. Qual foi sua experiência nesse país com* O Príncipe Constante, *já que se trata de uma peça clássica e cristã?*

MOLIK: Foi muito boa, foi apenas um ou dois anos antes da queda do Xá Reza Pahlavi. Sua esposa, Farah Diba, foi muito hospitaleira e apreciou imensamente nosso trabalho.

CAMPO: *Em seguida, você trabalhou em* Akropolis, *em Edimburgo, no festival.*

MOLIK: Sim, em 1968. Também viajamos para a América com O Príncipe Constante.

CAMPO: *Você estava fazendo duas apresentações no mesmo período.*

MOLIK: Sim. No mesmo período, fazíamos os dois. Até fizemos apresentações na Cidade do México, antes das Olimpíadas. No México, provavelmente fizemos *O Príncipe Constante* ou talvez tenha ainda sido *Akropolis* ou talvez o *Fausto*. Fomos convidados pelo embaixador polonês, um homem muito gentil e inteligente, bem diferente dos outros embaixadores que viemos a conhecer. Ele era do povo, da velha República Polonesa Ludowa. Falo do povo, porque Ludowa significa Democracia do Povo e ele de fato pertencia a este período da República do Povo da Polônia. Ele nos convidou para um grande jantar, como você pode observar na foto. Era um jantar especial com um cardápio muito irreverente, sopas de todos os tipos, com diversas entradas, muitas sobremesas, havia onze pratos a serem comidos. Nesta foto, reconheço Flaszen, Rena Mirecka, Staszek Scierski, Cynkutis, Grotowski e o gerente geral, André Sel, que chamávamos de diretor administrativo. Cynkutis manteve o cardápio do jantar nas suas coisas até falecer. Digo isso porque sua esposa mostrou isso para mim. Posteriormente, chegamos a fazer apresentações em Munique, durante as Olimpíadas, quando ocorreu o ataque ao time israelense.

CAMPO: *Acredito que apresentar* Akropolis *na Alemanha deve ter provocado uma sensação estranha.*

MOLIK: Em Munique, encenamos outra peça. Mas chegamos a apresentar *Akropolis* em Berlim, por exemplo.

CAMPO: É interessante o que você estava dizendo a respeito da mudança de Cieslak. Ele não estava muito preparado no começo de Akropolis. Não era como o Cieslak que conhecemos de outras apresentações, como em Doutor Fausto ou em O Príncipe Constante, em que estava claramente preparado. O seu trabalho teve um rápido desenvolvimento nestes dois ou três anos.

MOLIK: Foi exatamente isso que aconteceu.

CAMPO: Depois teve Ewangelie [Os Evangelhos], em 1967. Como foi?

MOLIK: Ewangelie foi o primeiro passo em direção ao Apocalypsis cum Figuris. O primeiro passo, na verdade, foi Samuel Zborowski. Depois teve Ewangelie e, em seguida, Apocalypsis cum Figuris.

CAMPO: Chegou a ser apresentado em público?

MOLIK: Não, tratava-se meramente de uma busca e, a partir do trabalho de encontrar materiais, o resultado final foi Apocalypsis cum Figuris. Ewangelie foi como pesquisa, assim como Samuel Zborowski, e nunca foram encenadas. Não estava presente naquela época. Cheguei quando começamos a pesquisar Apocalypsis cum Figuris.

CAMPO: Afirma-se que Apocalypsis foi codirigido por Ryszard Cieslak.

MOLIK: Sério? Não posso dizer nada a respeito disso. Não tenho certeza porque talvez tenha acontecido na primeira etapa da pesquisa, quando eu não estava presente ainda, e ele fazia uma espécie de assistência de direção ou algo assim. Depois, o que lembro é que ele era apenas um ator.

CAMPO: *Como foi a direção de Grotowski em* Apocalypsis cum Figuris? *Parece que era algo muito especial, algo particular, que ele costumava não falar muito enquanto os atores estavam trabalhando. Era uma direção de ator bem diferenciada.*

MOLIK: Sim, porque ele não sabia nada a respeito. Ele tinha uma ideia, mas não sabia como realizar, enquanto nas apresentações anteriores ele sempre sabia tudo, tudo que ele queria conquistar com os atores e como diretor. Mas nessa época ele não sabia. Tentamos fazer as chamadas improvisações durante duas semanas, e ele esperava para ver o que iria acontecer, antes de fazer qualquer intervenção. Estávamos trabalhando à noite, das nove da noite até as cinco horas da manhã. Ensaiávamos e tentávamos encontrar material a partir das improvisações. Por exemplo, ele via as improvisações por duas semanas e não tínhamos achado nada. Todos estavam tentando, olhando ao redor, sem nenhuma ideia, e Grotowski ficava apenas sentado e nada, nada, nada acontecia. Mas, de repente, Ryszard Cieslak teve um grande impulso. Ele começou a correr como um louco pela sala.

CAMPO: *Quanto tempo durou isso?*

MOLIK: Talvez uns quarenta segundos.

CAMPO: *E o que aconteceu? Todos encontraram a Vida?*

MOLIK: Sim, foi por isso que o seu papel foi tão importante e significativo para esta apresentação. A Vida continuou e, em duas semanas, a ideia para o esboço da peça começou a se formar.

CAMPO: *Para criar a sua própria forma.*

MOLIK: Sim, mas antes disso teve um mês em que não houve nada, nada, nada.

CAMPO: *Por que vocês estavam ensaiando à noite?*

MOLIK: Não sei. Porque Grotowski queria ensaiar à noite.

CAMPO: *Pela primeira vez.*

MOLIK: Sim.

CAMPO: *E essa também é a época em que apareceu a ideia do parateatro. Durante o período de parateatro vocês ainda estavam apresentando* o Apocalypsis.

MOLIK: Sim, quando terminamos os ensaios para *Apocalypsis cum Figuris*, tivemos duas semanas de férias e logo começamos os projetos parateatrais.

CAMPO: *Como foi a conexão entre as duas coisas,* Apocalypsis cum Figuris *e o parateatro?*

MOLIK: Grotowski encerrou o seu trabalho com o teatro e decidiu nunca mais fazer apresentações. E assim começou a trabalhar apenas com projetos parateatrais. Fizemos o *Apocalypsis* e, em seguida, fizemos projetos diferentes.

CAMPO: *Sim, mas* Apocalypsis *foi encenado durante anos. E os projetos de parateatro já tinham começado. Durante aquele período você estava fazendo os dois trabalhos. Gostaria de saber qual era a conexão entre eles; o parateatro e* Apocalypsis.

MOLIK: Nos finais de semanas, apresentávamos a peça em Wroclaw e durante a semana ficávamos trabalhando com parateatro em Brzezinka, no campo.

CAMPO: *O Apocalypsis não era utilizado para experimentar uma relação diferente entre os espectadores, um tipo diferente de comunicação, diferente de qualquer outra apresentação? A comunicação com os espectadores ficou mais próxima? Ou era como as outras produções feitas por você em que havia uma partitura que sempre se repetia?*

MOLIK: Não, era semelhante, era a mesma. Era o mesmo tipo de apresentação que as outras, como O *Príncipe Constante*, como *Doutor Fausto*.

CAMPO: *Sei que muitos espectadores costumavam ficar durante um longo tempo na sala vazia depois do fim da apresentação. A impressão causada nos espectadores era forte e estranha.*

MOLIK: É verdade, naquela época era forte para muitas pessoas. Era uma experiência muito singular para cada um.

CAMPO: *Depois de um tempo, você começou o seu projeto pessoal. Voz e Corpo, em 1979, é o primeiro projeto individual deste tipo. É claro que teve também o Acting Therapy, em meados da década de 1970. Como foi o início disso?*

MOLIK: Em 1979, era apenas uma oficina. Lembro do início do trabalho. Não tinha a menor ideia do que fazer com um grupo grande já que anteriormente ocupava-me com a voz, com o trabalho de voz, mas só com nosso grupo, apenas com meus colegas. A única experiência que eu tinha era com uma pequena oficina na Finlândia, em uma escola de teatro; então eu não tinha prática com as pessoas, de como trabalhar com um grupo grande. Comecei sozinho, e apenas lembro de começar a trabalhar na nossa sala moderna, na sala pequena, no *parterre* e não na grande *salle* de cima. Uma das pessoas começou a andar em volta da sala. E começou assim, a primeira energia e depois cantamos e, mais tarde, lentamente, comecei a organizar o trabalho. Encontrei o "Alfabeto do Corpo", e o trabalho teve que ser feito não somente a partir de movimentos espontâneos, mas a partir de ações mais formalizadas e organizadas.

CAMPO: *Então naquela época, em torno da década de 1970, você começou a compor o "Alfabeto do Corpo". Como foi esse início? Como foi o processo de criação do "Alfabeto do Corpo"? Foi a sua nova pesquisa que criou o seu sistema ou foi como recordar as experiências e tentar selecionar algumas ações?*

MOLIK: Para ser franco, não me lembro, mas se eu tentar reconstruir na mente, voltando no tempo, já que eu conhecia as ações dos *plastiques*, peguei dali o que eu achava que seria útil e simplesmente inventei o resto. Tive que inventar tudo. Não havia um precursor de quem eu pudesse pegar emprestado alguma experiência. Quando comecei, tentei primeiramente com meus colegas que tinham problemas com a voz e depois tentei com grupos maiores, de pessoas de fora, e foi sendo construído passo a passo. O início foi assim várias práticas sem nenhum conhecimento. Trabalhava de forma intuitiva, e fazia experimentações com certos fragmentos de conhecimento de outra pessoa. Tive que rejeitar algumas coisas imediatamente, tentei explorar mais e seguir algumas outras coisas e tudo acontecia dessa forma. Procedíamos gradualmente com novos elementos.

CAMPO: *De qualquer maneira, em cada uma destas, como você diz, letras ou ações, estava sempre presente o objetivo de abrir a voz.*

MOLIK: Sim, essa era a meta verdadeira. Despertar as conexões no corpo, avivar o corpo e deixá-lo pronto para responder aos impulsos. O corpo também deve estar pronto senão apenas exercícios vocais serão feitos e esta é uma coisa bem diferente. Lembro que em nossa escola teatral fazíamos exercícios de voz muito conhecidos e eficazes, como cantar a mesma frase em tons diferentes, sem a [atuação do] corpo, ou apenas vocalizando coisas simples como "oh-oh-oh-oh-oh" e era apenas isso. Minha ideia era diferente, então comecei a criá-la.

CAMPO: *Você criou um exercício depois do outro, tentando descobrir o que era bom, e, depois isso tudo tornou-se uma sequência, uma sequência precisa.*

MOLIK: Tornaram-se uma sequência, mas não era fixo. A maneira de juntá-los, as junções entre uma coisa e outra, era livres.

CAMPO: *Podem haver diferentes montagens.*

MOLIK: Sim, diferentes. Mas você deve saber as ações de cor para que seu corpo, sem pensar, em um determinado momento, antes de encerrar uma ação, saiba o que virá a seguir. Tudo é fluído, a vida toda é fluída o tempo todo. Tudo é fluído com a Vida Plena, durante vinte ou vinte e cinco minutos.

CAMPO: *Talvez algumas dessas ações funcionem mais para uns do que para outros, ou são essenciais para todo mundo?*

MOLIK: Não, são essenciais para todos. Todas as ações são essenciais, mas a partir do momento que você aprender, você estará livre para usar cada uma delas em momentos diferentes. Primeiro vem o aprender, depois o corpo deve conhecer todas essas ações, e depois ele está livre. Todos estão livres para escolher a ação que farão a cada determinado momento.

CAMPO: *Depois o teatro fechou, a Polônia estava sob lei marcial. Grotowski trabalhou mais alguns anos no Teatro das Fontes e depois saiu, mas em 1984 Cynkutis reabriu o instituto em Wroclaw e fundou o Segundo Estúdio. Você colaborou com ele naquela época?*

MOLIK: Sim, ele se tornou o diretor administrativo e eu fazia parte do grupo.

CAMPO: *E naquele período havia outras coisas. O Project Studium, em Berlin, sobre* Peer Gynt *de Ibsen, em 1982-1983. Como foi a sua abordagem, que tipo de trabalho foi feito?*

MOLIK: Quando encenei Peer Gynt em Hochschule der Künste, em Berlin, fiz tão bem que foi bastante apreciado. Coloquei sete atores para viverem Peer Gynt. Isso aconteceu porque havia sete atores, sete alunos e oito atrizes. Tinha um papel para cada menina, mas tive que colocar um Peer Gynt diferente em cada cena, então todos os atores viveram este papel. Foi uma apresentação muito interessante. A cada grande cena realizada, formava-se no palco uma pilha de corpos e a partir desta pilha nascia um novo Peer Gynt, e o próximo era outro garoto e a mesma coisa para o próximo e assim por diante. Desse modo havia sete, sete Peer Gynts nesse *Peer Gynt*, e isso foi muito interessante; uma ótima apresentação.

CAMPO: *Você criou isso por meio de improvisações ou a ideia foi sua?*

MOLIK: A ideia foi minha.

CAMPO: *Então o seu trabalho na direção foi como em uma verdadeira direção, falando aos atores o que deveriam fazer.*

MOLIK: Sim, claro.

CAMPO: *Houve também um* Macbeth *com sua direção.*

MOLIK: Isso foi em Toronto, em 1985. Fui convidado para fazer uma peça e escolhi *Macbeth*. É claro que cortei umas partes, como o terceiro ato inteiro, e estipulei uma duração de apenas uma hora e meia ao invés de três horas.

CAMPO: *Foi realizado com atores profissionais ou alunos?*

MOLIK: Não, foi feito com profissionais. Tive que fazer uma audição para escolher o elenco, com centenas de atores. Tive que ver cada um e fazer uma seleção.

CAMPO: *Foi uma produção.*

MOLIK: Era uma produção teatral oficial, mas a coisa engraçada é que era um *Macbeth* sem Macbeth. A esposa,

Lady Macbeth era boa, mas o Macbeth perdeu completamente a voz. Estava tão nervoso que não tinha voz na estreia. Ele só conseguia emitir algo como "Ah... Iah... giah". Foi engraçado. No entanto, um crítico inteligente escreveu que mesmo sem o Macbeth era uma apresentação interessante, marcada por situações inesperadas e surpreendentes. Mas os outros escreveram se perguntavam como assistir a uma apresentação de *Macbeth* sem Macbeth.

CAMPO: *Depois tem o* Cantar ou Não Cantar, *em Berlim, em 1987. Isso foi em Berlim, mas com outra produção, não era a mesma que* Peer Gynt.

MOLIK: *Peer Gynt* foi em Hochschule der Künste, em uma academia de teatro. Esta outra foi uma oficina normal para um grupo, que foi organizado como uma apresentação. Dei primeiramente um *workshop* de dez dias e o organizador propôs que eu fizesse uma apresentação oficial no final. O custo do ingresso era de dez marcos alemães. As pessoas vieram e foi apresentado para elas o que tinha sido realizado nesses dez dias, e acabou sendo uma apresentação boa e interessante. Eram apenas monólogos e músicas.

CAMPO: *Aqueles que haviam sido escolhidos para a oficina.*

MOLIK: Sim, organizados por mim.

CAMPO: *A última apresentação que você dirigiu foi* Rei Lear, *em 1990.*

MOLIK: Sim, fizemos na escola de teatro de Wroclaw.

CAMPO: *Suponho que foi feito com os alunos da escola de teatro?*

MOLIK: Sim, fiz com os alunos e foi muito, muito interessante. Havia um ótimo Rei Lear, um menino muito talentoso que fez um trabalho muito bom. Foi uma boa apresentação.

CAMPO: *Você usou algum estilo em particular ou foi uma abordagem clássica?*

MOLIK: Uma abordagem clássica, já que se tratava de alunos. Mas o Rei Lear não atuava como um estudante. Era um ator muito espiritualizado. Os outros eram apenas estudantes.

CAMPO: *Você é um ator, mas teve todas estas experiências como diretor ao longo dos anos. O que você acha disso? Como é estar do outro lado do trabalho?*

MOLIK: Não tive problemas para dirigir. Fiz tudo de forma instintiva, a partir de diferentes experiências que tive. Era capaz de organizar o trabalho, mas não tinha paciência nenhuma para produzir a apresentação. Gosto do trabalho com os atores, mas nunca gostei de me preocupar com a luz, a cenografia e todo o resto. Isso me entedia. Mas, gosto muito do trabalho com o ator. É por isso que às vezes aceitei as propostas para dirigir, mas foram episódios na minha vida, já que nunca os tratei com seriedade, eu sempre os encarei como uma aventura. Já que tinha a oportunidade de ser diretor, por que não fazê-lo? Mas não eram nunca eventos grandes, como disse, estava apenas interessado no trabalho com os atores, e isso não é suficiente para ser um bom diretor. Um diretor deve pensar em muitas outras coisas. Sobre como criar o sentido e a direção do sentido; sobre que sentido ele quer transmitir através desse ou daquele espetáculo. Engajei-me nisso apenas profissionalmente, para lidar com os atores, com a arte da atuação. E era só. Nunca estive profundamente engajado na direção.

CAMPO: *Você trabalhava especificamente com a voz dos atores?*

MOLIK: Nunca enfatizo a voz quando faço direção de ator; são domínios muito diferentes.

CAMPO: *Parece que seus trabalhos de direção são sempre bem clássicos, como você mesmo o é, se posso falar assim, em termos de gosto, de poesia e estilo. Mas a vanguarda esteve muito presente no início do seu trabalho, também como uma abordagem estética. No entanto você provavelmente nunca se engajou de verdade com a vanguarda.*

MOLIK: Não, apenas experimentei um pouco disso na escola de teatro em Varsóvia. Fiz parte de alguns experimentos, em alguns pequenos projetos de *vanguarda*. Mas era apenas uma espécie de jogo durante os meus estudos.

CAMPO: *Não podemos afirmar que* Mistério Bufo *e* Sakuntala *eram vanguarda?*

MOLIK: Não, *Mistério Bufo* e *Sakuntala* não eram vanguarda.

Nono dia

COLEGAS E COLABORADORES

CAMPO: *Tenho uma longa e impressionante lista de colegas e colaboradores que trabalharam com você no Teatro Laboratório em diferentes períodos. Gostaria de saber se e como eles influenciaram a sua vida e obra. Alguns são famosos; já fizemos menção a eles em diversos momentos das nossas conversas. Um exemplo é Ludwik Flaszen. Qual foi a influência dele em seu trabalho?*

MOLIK: Acho que o papel de Flaszen em nosso grupo é muito importante porque, já que ele era muito conhecido, foi ele que recebeu a oferta de abrir o teatro em Opole e, em seguida, ele encontrou Grotowski.

CAMPO: *Ele já era bem conhecido apesar de ser muito jovem.*

MOLIK: Sim, ele já era bem conhecido e Grotowski ainda não era.

CAMPO: *Por que que ele era conhecido?*

MOLIK: Porque ele já era um crítico famoso, um crítico literário que costumava escrever *feuilletons* muito bons, sagazes e interessantes. Era conhecido em toda a Polônia, principalmente em Cracóvia. Grotowski era um rapaz de 26 anos, muito jovem, inexperiente, tinha acabado de receber seu diploma. Ele havia tentado dirigir alguma coisa, mas não tinha sido muito bem-sucedido. Flaszen enxergou o seu potencial e ofereceu o posto de diretor do teatro em Opole, afirmando: "Serei o conselheiro literário".

CAMPO: *Como é que ele tinha este poder de abrir um teatro? As instituições deram a ele o poder de abrir o teatro, de pagar salários por conta apenas de sua fama?*

MOLIK: Sim, as autoridades de Opole ofereceram a sala e os recursos financeiros.

CAMPO: *Eram as autoridades locais e não as autoridades nacionais.*

MOLIK: Autoridades locais, não havia teatros nacionais na Polônia. Existem apenas dois: um em Varsóvia e o outro em Cracóvia, e o resto é local.

CAMPO: *E como foi a presença dele durante todos esses anos? Sempre falamos de Grotowski, mas Flaszen estava lá também.*

MOLIK: Sim, ele estava lá e ele era muito importante, porque podemos dizer que era o alter ego de Grotowski.

Costumavam discutir o dia todo e a noite toda sobre o que fazer e como fazer. Ele era um tipo de mentor para Grotowski.

CAMPO: *Ele era menos presente com os atores, com você e os outros.*

MOLIK: Ele nunca estava presente. Ele não tinha nada a ver com os atores.

CAMPO: *Rena Mirecka.*

MOLIK: Desde o princípio, ela era uma pessoa muito original. Era loira, uma *grande dame* e sempre foi muito elegante. Às vezes não tinha nada para comer porque era muito pobre naquela época, mas estava sempre muito elegante e chique. Era uma atriz inexperiente, mas encantou Grotowski, que a chamou para trabalhar conosco.

CAMPO: *Ela estudou na escola de teatro.*

MOLIK: Sim, ela terminou a escola de teatro em Cracóvia, como Cieslak. Ele também estudou em Cracóvia, não exatamente na escola de teatro, mas estudava a arte teatral.

CAMPO: *E o trabalho de Mirecka, como foi a presença dela ao longo dos anos?*

MOLIK: Ela costumava trabalhar duro, então tudo que fazia estava sempre bom. Ela respondia bem a qualquer sugestão de Grotowski e ele gostava muito dela.

CAMPO: *Era fácil trabalhar com ela?*

MOLIK: Sim, trabalhamos juntos no grupo e também no cabaré, com Antoni Jaholkowski, e com uma ou duas pessoas de fora da companhia, e fizemos o cabaré durante algum um tempo. Fizemos para conseguir um apartamento para Jaholkowski, porque ele já estava casado e não tinha lugar para morar em Opole. Apresentamos o cabaré para o prefeito da cidade, o *burmistrz*. Eu era o *conférencier*, então eu disse algumas palavras bajuladoras para a nossa autoridade local e Jaholkowski conseguiu o apartamento. Naquela época, uma autoridade oficial tinha tanto poder que era capaz de dar um apartamento para um cidadão.

CAMPO: *Rena Mirecka criou os plastiques, exercícios plásticos ou "exercices plastiques".*

MOLIK: Sim, ela era líder dos *plastiques*, dos exercícios plásticos.

CAMPO: *Você teve que segui-la quando ela era líder*

MOLIK: Sim, ela estava liderando as aulas dos exercícios plásticos.

CAMPO: *Ela influenciou a sua prática, portanto.*

MOLIK: Por que não? Nós nos influenciamos sim. Com Cieslak era diferente, porque ele era muito exigente e propunha exercícios muito difíceis. Era líder de ginástica, dos chamados exercícios físicos e algumas pessoas tiveram problemas com os joelhos, porque ele era fisicamente muito bom e muito exigente com os outros.

CAMPO: *Onde que ele aprendeu os exercícios? Ou ele criou esses exercícios?*

MOLIK: Não sei, eram exercícios simples, de ginástica.

CAMPO: *Antoni Jaholkowski: como era o trabalho e o caráter dele?*

MOLIK: Ele era um homem muito amigável, aberto e especial. Ele fazia a homeostase do nosso grupo e era muito talentoso. Atuava, brincava, cantava muito bem e tinha um ótimo ouvido musical, muito importante nesse tipo de trabalho. Era, acima de tudo, uma pessoa excepcional porque era muito amável com todos que o cercavam.

CAMPO: *Zbigniew Cynkutis, ele era o mais jovem.*

MOLIK: Sim, ele era o mais jovem dos atores do nosso grupo. Já era conhecido porque havia participado de um filme bem importante na nossa história, na história da Polônia. Então ele já era um pouco conhecido antes de entrar no grupo, apesar de ainda ser jovem. Ele entrou apenas um ano depois de terminar seus estudos. Ele era o caçula do grupo e faleceu muito jovem.

CAMPO: *Ele também era uma presença forte nas apresentações, como ator, como podemos ver nas fotos.*

MOLIK: Sim, no *Fausto*. E nas outras peças, por exemplo, em *Kordian*, ele era muito valente, muito corajoso, não tinha medo, arriscava-se bastante. Lembro de uma cena em *Kordian*, quando ele dizia um monólogo no Mont Blanc, um monólogo muito conhecido de *Kordian*. Na nossa peça ele estava no segundo nível da beliche, então era bem alto. Ele estava em pé e se jogava com o corpo rígido, porque a peça se passava em um hospital psiquiátrico, e ele fazia o papel de um doente mental catatônico. Eu era o médico e, na última hora, pegava ele pelo pescoço. Ele nunca tinha medo, mas me confidenciou que confiava apenas em mim para fazer a cena.

CAMPO: *Ryszard Cieslak. Você já disse muitas coisas sobre Cieslak.*

MOLIK: Cieslak era completamente inexperiente. Chegou só depois de terminar a escola e provavelmente não fez escola dramática, sendo que estava interessado em marionetes. Ele terminou a escola no departamento de marionetes. Chegou com um grande problema na voz porque falava o tempo todo com a laringe meio fechada, então ele teve que trabalhar duro para conseguir abri-la. Passou duas semanas deitado no chão, durante duas ou três horas por dia, encostando apenas a nuca e os pés no chão, para ter certeza de que sua laringe estava aberta. Vocalizava o "Aaah" típico dos filmes antigos e conseguiu resolver sozinho a sua questão com a voz. Trabalhou um pouco mais com Grotowski, que conhecia as possibilidades vocais que ele tinha.

CAMPO: *Você trabalhou com ele e mudou a maneira dele de ser.*

MOLIK: Na verdade não, apenas indiquei o que deveria ser feito; o deitar e a elevação do peito. Ele trabalhou sozinho durante um longo tempo e depois, ao trabalhar com Grotowski, foi fazendo com que aquilo ficasse mais elástico.

CAMPO: *Ele era uma personalidade muito forte e, em um determinado momento, tornou-se um símbolo. O Teatro Laboratório tornou-se um símbolo, mas este ator se tornou um ícone do teatro da segunda metade do último século.*

MOLIK: Sim, é verdade. Em 1969 ele recebeu um prêmio nos EUA de melhor ator do mundo.

CAMPO: *O seu desenvolvimento era muito rápido. No começo ele não estava tão pronto, tinha que se trabalhar muito consigo mesmo e, de certa maneira, acabou se tornando uma coisa diferente.*

MOLIK: Sim, exatamente, porque ele trabalhou individualmente durante três meses com Grotowski, e Grotowski abriu algo nele. Cieslak estava fisicamente muito bem preparado, mas Grotowski abriu nele fontes de poder secretas e, então, ele se tornou o que era.

CAMPO: *Você se refere a* O Príncipe Constante *ou a trabalhos anteriores? Você disse que ele começou esse processo com Fausto e fez coisas excepcionais neste trabalho.*

MOLIK: Não, refiro-me a *O Príncipe Constante*, mas com *Fausto* ele já estava fazendo um trabalho extraordinário. Foi também depois do trabalho individual com Grotowski. A maneira como ele pulou na mesa foi extraordinário. Eu cheguei a tentar pular na mesa, mas era completamente lisa e consegui pular dez ou vinte centímetros, e ele pulou dois metros.

CAMPO: *E você era um atleta na época, você não era um homem fraco.*

MOLIK: Sim, mas não era forte o suficiente para fazer daquela forma. Grotowski passou para ele o segredo de como fazer. Ele pulou mais de um metro e meio.

CAMPO: *Então Grotowski e Cieslak trabalharam sozinhos antes do Fausto. Fizeram este trabalho individual naquela época.*

MOLIK: Começando com o *Fausto*, não antes.

CAMPO: *Stanislaw Scierski.*

MOLIK: Não posso falar muito dele porque ele era uma pessoa muito estranha e eu era tão normal que não tínhamos muito o que fazer juntos. Havia algumas duplas no nosso grupo. Eu estava sempre com Antoni Jaholkowski quando íamos para algum lugar da cidade, em Nova York, Berlim ou Londres. Scierski estava sempre com Cieslak, eles costumavam andar juntos. Os outros não eram muitos, já que nós éramos praticamente apenas cinco.

CAMPO: *Elizabeth Albahaca.*

MOLIK: Uma pessoa encantadora, e ainda é. Vive atualmente em Montreal, com Teo Spychalski, são casados e têm um filho. Ela leciona em alguma universidade importante e agora é uma figura eminente. Mas quando ela chegou, parecia ter sido diretamente importada da Amazônia. Era de Brasília, eu acho, e era uma pessoa bem estranha então. Ninguém sabia o idioma que ela estava falando, pois às vezes falava polonês, mas não era realmente polonês. De vez em quando falava espanhol, mas não era realmente espanhol. Às vezes falava português, mas não era realmente polonês. No entanto, era uma ótima pessoa. Uma ótima pessoa, e se casou com Teo Spychalski, nosso professor de polonês para estrangeiros. Não sei como Spychalski dava conta de tamanho recado: ele fazia com que as pessoas falassem normalmente polonês em três meses.

CAMPO: *Seguiremos a cronologia e vejo uma longa e complexa história. Em 1959, teve Barbara Barska.*

MOLIK: Ela ficou durante um ou dois anos e depois foi embora.

CAMPO: *Não sei nada a respeito dela.*

MOLIK: Nem eu, ela era uma moça muito agradável, mas não conseguia se integrar conosco. É preciso ser uma pessoa muito especial para conseguir se integrar com as pessoas mal-educadas presentes naquela época. Depois de um ano ela teve que sair.

CAMPO: *Stanislaw Szreniawski.*

MOLIK: Mesma história, assim como Tadeusz Bartkowiak. Vieram juntos e saíram juntos. Próximo?

CAMPO: *Eva Lubowiecka.*

MOLIK: Ela ficou um pouco mais de tempo. Já tinha tido um papel em O *Idiota*. Ela fez o papel de um cervo em *Sakuntala* e participou de *Mistério Bufo*, assim como Barbara Barska. Ela era uma atriz muito sólida, e vê-la encarnar um cervo foi muito especial.

CAMPO: *Você quer dizer que ela tinha uma presença de palco forte.*

MOLIK: Ela era sólida.

CAMPO: *Fisicamente.*

MOLIK: Sim, fisicamente, e quando fez o papel de um cervo pequeno e delicado, foi um contraste bonito. Ela era uma menina linda. Permaneceu em Opole, não se mudou conosco para Wroclaw. Ela ainda reside lá.

CAMPO: *Adam Kurczyna.*

MOLIK: Adam era um grande poeta já muito conhecido em Opole. Ele era ator, trabalhava em um pequeno teatro antes da nossa chegada, antes de Flazlen conseguir uma pequena *salle*. Já estava lá e começou atuando em algumas das primeiras peças. Ele participou em *Orfeu*, baseado em Cocteau e depois em *Mistério Bufo* e de algumas outras peças durante os primeiros anos.

CAMPO: *Ele não seguiu o grupo.*

MOLIK: Não, depois de um ano ou um ano e meio, ele deixou o grupo.

CAMPO: *Andrzej Bielski.*

MOLIK: Ele era bem verdadeiro e leal ao grupo, apesar de ter se mudado para o Teatr Wspolczesny, em Wroclaw. Ele veio conosco para Opole e depois fez esta mudança. Permanecemos juntos durante um bom tempo, éramos amigos até os últimos momentos de sua vida; ele morreu em torno de sete, oito anos atrás.

CAMPO: *Maja Komorowska.*

MOLIK: Maja Komorowska é Maja Komorowska. Ela é uma estrela de cinema famosa e uma ótima professora da Academia de Varsóvia. Os alunos a adoram. Maja é ainda muito ativa e era muito ativa durante os tempos difíceis na Polônia. Estava ativamente conectada ao nosso cardeal em Varsóvia e, durante um período muito difícil, em um estado de guerra, estava distribuindo pacotes para pessoas pobres, mães e esposas de prisioneiros.[1] Ela era muito ativa nessa área. Além disso, ela é professora da Academia de Teatro de Varsóvia há muitos anos.

CAMPO: *Como foi trabalhar com ela naquele tempo? Como era trabalharem junto?*

---

[1] Molik se refere aqui ao tempo de guerra marcial e ao golpe de estado de 1981, quando o estado de guerra foi declarado na Polônia.

MOLIK: Trabalhamos juntos e até tivemos algumas reuniões, porque ela tinha problemas com as suas cordas vocais. Ela estava cronicamente doente, então tivemos que trabalhar durante um mês para acabar com a doença.

CAMPO: *Maciej Prus.*

MOLIK: Ele também é um diretor renomado. Permaneceu no grupo durante dois ou três anos.

CAMPO: *E depois, na época de* Akropolis, *teve Andrzej Paluchiewicz.*

MOLIK: Ele veio da pantomima e ficou conosco durante três ou quatro anos. Era um homem muito bom.

CAMPO: *Aleksander Kopezewski.*

MOLIK: Este foi um episódio muito curto. Ele era uma pessoa muito, muito especial. Permaneceu durante apenas alguns meses.

CAMPO: *Por que você o considera uma pessoa muito especial?*

MOLIK: Porque seus interesses eram bem diferentes, e ele encontrou o grupo acidentalmente.

CAMPO: *Mieczyslaw Janowski.*

MOLIK: Ele ainda está conectado a nós, viaja conosco quando ocorrem exibições do filme sobre O Príncipe Constante, porque ele está no filme. Você o conhece, ele também é uma pessoa especial, mas em um sentido muito positivo.

CAMPO: *Sim, ele é especial e também é um amigo. Você gostaria de dizer algo sobre o trabalho dele?*

MOLIK: Ele não trabalha como ator há muitos anos. Na época, seu trabalho era normal, ele era normal, tudo Ok.

CAMPO: *Gaston Kulig.*

MOLIK: Ele saiu, foi para a França e se perdeu em algum lugar de Paris. Não sabemos dele há anos, foi embora há trinta anos, não sabemos o que aconteceu com ele.

CAMPO: *Ele trabalhou com você por um curto tempo.*

MOLIK: Um tempo curto, um tempo muito curto, acho que foi no mesmo período que Szreniawski, ou talvez um pouco depois. Ele ficou conosco durante apenas um ano; depois não sei o que fez.

CAMPO: *Czelaw Wojtala.*

MOLIK: Ele era um bom rapaz, bonito. Um menino bom e bonito. Não ficou muito tempo conosco; contudo, ele acabou sendo bem-sucedido no campo da arte. Não lembro exatamente onde e o que ele fez, mas sei que provou seu valor.

CAMPO: *Ewa Benesz.*

MOLIK: Ela trabalha frequentemente com Rena. Elas fizeram uma parceria e Ewa fez um doutorado na Itália. Agora é uma pessoa muito importante. É palestrante em alguma universidade em algum lugar do mundo.

CAMPO: *Ela era atriz?*

MOLIK: Ela não era atriz, mas estava conosco. Ela estava naquele grupo de Brzezinka, de parateatro, e se especializou em parateatro. Ela nunca foi atriz.

CAMPO: *Teresa Nawrot.*

MOLIK: Ela era uma pessoa bem estranha, devo dizer. Conseguiu se tornar professora de teatro em Berlim. Quando conseguiu a qualificação de mestre, ela criou uma escolar particular em Berlim.

CAMPO: *Ela foi atriz com você?*

MOLIK: Ela era uma atriz, depois atuou em escola, mas nunca se apresentou. Ela fazia parte daquele grupo de parateatro.

CAMPO: *Irena Rycyk.*

MOLIK: Ela fazia parateatro na mesma época.

CAMPO: *Jerzy Bogajewicz.*

MOLIK: A mesma coisa, fazia parateatro. Agora ele é Jurek Bogajewicz e é um renomado diretor da TV polonesa. Ele esteve em Los Angeles durante bastante tempo e trabalhou como uma espécie de diretor de cinema e TV. Retornou dos EUA para a Polônia e nestes últimos dois ou três anos tem feito alguns programas aqui na TV polonesa.

CAMPO: *Teo Spychalski. Ele é Zbigniew, é a mesma pessoa?*

MOLIK: Sim, é o mesmo. Teo é apelido de Zbigniew. Ele tem um teatro em Montreal agora.

CAMPO: *Lembro dele falando em Pontedera. Ele era muito interessante. Qual foi o seu papel no grupo?*

MOLIK: Ele era polonista.

CAMPO: *Um expert de línguas.*

MOLIK: Sim, a língua polonesa, em Poznan. Não lembro qual era o seu trabalho, se era assessor literário, ou um arquivista. Mas ele descobriu o parateatro e fez coisas muito interessantes e, mais tarde, se preparou para ter o seu próprio teatro em Montreal. Há dez ou quinze anos encontrou um ator que já era bem conhecido, Gabriel Arcand, eles se uniram e abriram o teatro.

CAMPO: *Este é um exemplo de quem começou no parateatro e se tornou uma pessoa de teatro.*

MOLIK: Sim.

CAMPO: *Jacek Zmyslowski.*

MOLIK: Pobre menino. Ele morreu em Nova York de uma doença desconhecida e misteriosa. Ele era uma pessoa maravilhosa que tocava violão muito bem, jogava tênis e era muito inteligente nos seus estudos. Não havia muitas dessas pessoas, dessa classe, no nosso grupo. Sim, um menino com classe que faleceu muito cedo.

CAMPO: *Ele também era crucial na construção das atividades parateatrais.*

MOLIK: Parateatro, sim. Ele tinha o seu próprio projeto e, no domínio do parateatro, era muito próximo de Grotowski. Ele fez o projeto *Góra*, naquele tempo: Montanha.

CAMPO: *Zbigniew Koslowski.*

MOLIK: Ele é uma das pessoas da mesma época do parateatro.

CAMPO: *Wieslaw Hoszowski.*

MOLIK: Ele morreu há muito tempo. Também era membro do grupo da geração mais nova. Em determinado momento, quando abriu o projeto com parateatro,

Grotowski abriu o teatro para a nova geração e ele era dessa geração mais nova. Como Alik.

CAMPO: *Aleksander Lidtke.*

MOLIK: Sim, Aleksander Lidtke. Todos da mesma geração, vinte, vinte e um anos de idade.

CAMPO: *Wlodzimierz Staniewski.*

MOLIK: Não, esta é uma outra coisa, Staniewski estava aqui antes e ele tem o seu próprio teatro em Lublin há muitos anos.

CAMPO: *Sim, ele criou a renomada companhia Gardzienice, mas depois desta experiência. Como era o seu trabalho?*

MOLIK: Ele era um dos líderes deste parateatro.

CAMPO: *Ele também começou com o parateatro.*

MOLIK: Até onde sei, ele nunca foi ator. Foi selecionado para o novo grupo de parateatro e até trabalhou conosco no projeto da Árvore das Pessoas. Talvez tenha se apresentado alguma vez, mas nunca profissionalmente; ele nunca foi ator.

CAMPO: *Gostaria de saber como ele desenvolveu o seu sistema de treinamento, direção, já que nunca trabalhou com você na companhia.*

MOLIK: É verdade, ele nunca trabalhou conosco na companhia, mas era uma pessoa muito independente e enérgica, então simplesmente encontrou sua própria maneira de trabalhar.

CAMPO: *Malgorzata Dziewulska.*

MOLIK: Ela era um tipo de assessora literária, uma pessoa que escreve sobre teatro.

CAMPO: *Então ela te seguia e analisava seu trabalho.*

MOLIK: Algo assim.

CAMPO: *André Gregory.*

MOLIK: Ele era um ator e diretor renomado de Nova York que costumava participar de projetos de parateatro.

CAMPO: *Ele era apenas participante ou integrava o projeto como líder ou guia?*

MOLIK: Era participante. Sei apenas que veio algumas vezes e trabalhou não com o grupo da jovem geração, mas em um grupo de estrangeiros.

CAMPO: *Como Elizabeth Havard, Caroline Laney, Robert Weewing, Maro Shimada... E mais tarde havia mais pessoas em dois grupos do Teatro das Fontes, com Jairo Cuesta, Abani Biswas, Magda Zlotowska e também Jean-Claude Tiga, Maud Robart, etc.*

MOLIK: Sim, estavam em outro grupo com o qual não tenho nada a ver, essa é outra história.

CAMPO: *Tem aqueles que criaram o GIA, il Gruppo Internazionale L'Avventura, na Itália. Fausto Pluchinotta, François Kahn, François Liège, Stefano Vercelli, Laura Colombo e Pierre Guicheney.*

MOLIK: Sim. Lembro de Stefano, François e dos outros. Encontrei com alguns deles algumas vezes quando fui a Pontedera. Eu estive lá algumas vezes. A última vez, foi há seis anos atrás. Alguns deles estão trabalhando lá e fazendo um bom trabalho. Aqui não fizeram muita coisa, mas em Volterra e Pontedera, sim.

CAMPO: *Bom, acho que é isso.*

MOLIK: Isso é bom.

CAMPO: *Tenho certeza que não é tudo, mas é uma pequena parte do que podemos dizer, então, é isso.*

MOLIK: Que bom.

CAMPO: *Gostaria de saber se você quer dizer mais alguma coisa, se você tem alguma ideia sobre como o livro deve ser feito ou mais alguma coisa, algum comentário. É o seu material, sua obra.*

MOLIK: O livro é seu, a responsabilidade é toda sua.

CAMPO: *Sim, mas faço do meu livro o seu livro.*

MOLIK: Não, não. Apenas concedi algumas coisas para para isso, para lhe dar algum material, mas cabe a você decidir o que será feito com isso.

CAMPO: *OK.*

Apêndice: Grotowski, o teatro e além do teatro

DE STANISLAVSKI A GROTOWSKI |
TEATRO DOS ESPETÁCULOS (1959-1969) |
PARATEATRO (1970-1978) | TEATRO DAS FONTES
(1979-1982) E O QUE VEIO DEPOIS

Jerzy Grotowski (Rzeszów, 1933 – Pontedera, 1999) recebeu o diploma de ator da Escola de Teatro Estadual de Cracóvia, em 1955. Depois de um breve emprego no Teatro Stary, mudou-se para Moscou para frequentar um curso de direção. Seu principal professor foi Yuri Zavadsky, discípulo de Stanislavski e de *Vakhtangov*. Zavadsky esteve com *Vakhtangov* de 1916 a 1922.

Em seu livro *Grotowski e Seu Laboratório*, Zbigniew Osinski escreve:

> Grotowski esteve matriculado na G.I.T.I.S. [Academia Russa de Artes], no curso de direção, do dia 23 de agosto de 1955

até 15 de junho de 1956. Sob a supervisão de Yuri Zavadsky, dirigiu *A Mãe*, de Jerry Szaniawski, no instituto de teatro. Foi assistente de Zavadsky na produção de *Zialpotov* de L. G. Zotin, que estreou no dia 27 de abril de 1956, no Teatro Mossoviet. Seus professores o deixaram livre para concluir seu estágio. Ele encontrou novamente Zavadsky dez anos depois no Théâtre Sarah Bernhardt, onde, durante a temporada do Théâtre des Nations, o Teatro Mossoviet de Moscou apresentou *Gogol*, sob a direção de Zavadsky. O velho senhor reconheceu Grotowski, tirou seus óculos e abriu seus braços. Grotowski também dirigiu produções no Mossoviet e no Teatro de Arte de Moscou e estudou as técnicas de Stanislavski, Vakhtangov Meyerhold e Tairov.

Jerzy Grotowski e Ludwik Flaszen, cofundador juntamente com os atores Zygmunt Molik e Rena Mirecka da companhia Teatro das 13 Fileiras, em Opole (e depois "Teatro Laboratório", quando foi transferido para a cidade de Wroclaw, em 1964-1965) foram altamente influenciados pela companhia polonesa de Osterwa e Limanowski, a Reduta, da qual utilizaram o logotipo, substituindo o "R" central por um "L". A companhia Reduta, por sua vez, era influenciada pela abordagem de Stanislavski.

Um dos resultados mais claros e influentes da pesquisa de Grotowski foi a modificação contínua das relações espaciais entre os atores e os espectadores, realizada em colaboração com o arquiteto Jerzy Gurawski, seu parceiro desde 1960 em diante. Isso é representado nos espetáculos *Sakuntala*, *Os Antepassados*, *Caim* e, finalmente, *Kordian*, que se passa em um hospital psiquiátrico em que os espectadores se configuram como pacientes. Mais tarde, essa abordagem continua em outros espetáculos, como em *A Trágica História do Doutor Fausto*, no qual os espectadores eram os convidados do último jantar de Fausto.

Conceitos revolucionários como "teatro pobre", ou do ator como um "ator santo" revelando-se através do processo da "via negativa" e do teatro como um "ritual laico" se clarificam em filmes e fotografias (publicadas no principal livro de Grotowski, *Em Busca de um Teatro Pobre*) dos espetáculos famosos como *Akropolis* e *O Príncipe Constante*. Este último ilustra o trabalho de um ícone do teatro do século XX, Ryszard Cieslak.

Outras fotografias do livro e o filme *Training at the Teatr Laboratorium* (citado no texto) também mostram o treinamento do ator que revolucionou a prática teatral.

OS ESPETÁCULOS

ORFEU (1959), TEXTO DE JEAN COCTEAU

O primeiro espetáculo foi visto como uma "carta de intenções" e foi acompanhado de um livreto-manifesto sobre a filosofia que inspirou o novo teatro, demonstrando a sua prontidão para estabelecer com o texto dramatúrgico, assim como com todos os elementos do trabalho, uma relação dialética.

CAIM (1960), TEXTO DE GEORGE GORDON, LORD BYRON

Ao fazer a crítica da peça, Kudlinski escreveu que os diálogos filosóficos se transformam em escárnio; choque metafísico em zombaria; demonismo em circo; terror trágico em cabaré, lirismo em bufonaria e trivialidade. [...] existe caricatura, paródia, sátira, vaudeville, esquete, mímica, uma pequena cena de balé e, além disso tudo, uma atitude irreverente diante do texto [...] há um ator na plateia, atores dirigindo-se ao público, improvisos. Uma torre de babel generalizada e uma confusão de idiomas.

"De acordo com Barba, os espectadores eram nomeados como os descendentes de Caim, "presentes, porém distantes e de difícil abordagem".

Naquele momento, Grotowski também dirigia uma versão de *Fausto*, de Goethe, em estilo construtivista para o Teatro Polski em Poznan, produzida sem a presença da sua companhia como uma das várias tarefas oficiais conferidas a ele.

Mistério Bufo (1960), a partir de Maiakóvski

Esta peça coincidia com as inclinações de Grotowski, então ele não precisou manipular o texto para travar uma polêmica com o autor. Entretanto, misturou este texto com *Os Banhos*, também de Maiakovski e as personagens foram claramente deslocadas entre as duas peças. Também foram incluídos fragmentos de peças de mistérios medievais poloneses e o espetáculo foi influenciado tanto pelo drama medieval quanto pelo teatro oriental. Os elementos de cena eram alguns escudos pintados que os atores usavam para representar papéis individuais, uma banheira de lata, um banco pintado de preto e um palco de teatro minúsculo, convencionalmente separado da plateia. A cenografia era pintada no estilo de Hieronymus Bosch.

Sakuntala (1960), a partir do texto de Kalidasa

Grotowski encenou este antigo texto indiano depois de já o ter dirigido na Rádio Polonesa, em 1958, fazendo muitos cortes e inserindo fragmentos de outros escritos rituais indianos. Dezessete anos depois, Flaszen disse: "Nós, sem dúvida, escolhemos este drama por conta da fraqueza de Grotowski pela Índia. Nesta peça, lidamos com mistérios extremos: emitimos sons estranhos e dançamos. A sensação era a de que éramos todos ingênuos, infantis, diante destes mistérios. E os figurinos, por exemplo, foram realmente feitos por crianças". Nesse espetáculo, começou a colaboração com Gurawski.

Os Antepassados (Dziady) (1961), texto de Adam Mickiewicz

Os Antepassados é a principal peça do romantismo polonês. Trata da revolta de um indivíduo contra as convenções vigentes em que, pelo poder da poesia, o drama pessoal do protagonista transforma-se em drama nacional. Grotowski tentou a integração total dos atores e espectadores ao tratá-los como participantes, expondo a relação entre rito e espetáculo. Foi a partir de uma crítica feita sobre o espetáculo que Grotowski pegou emprestada uma expressão chave: "dialética da derrisão e apoteose". Grotowski descreveu como ele tratou uma das cenas principais nestes termos: "O longo solilóquio foi transformado em Via Crucis. Gustaw Konrad se movimenta entre os espectadores. Em suas costas carrega uma vassoura, assim como Cristo carrega a cruz [...] aqui o diretor usou um dialeto específico: entretenimento *versus* ritual, Cristo *versus* Don Quixote".

Kordian (1962), a partir de Juliusz Slowacki

Este é o segundo drama romântico encenado por Grotowski e sua companhia. *Kordian* é um homem que recebe uma revelação de que pode encontrar a Verdade sacrificando-se pelo seu país. Ele participa de um plano para assassinar o Czar, mas é preso e enviado para um asilo de doentes mentais antes de ser condenado à morte. Grotowski escolhe situar a peça na cena do asilo em que o paciente Kordian é tratado pelos médicos e é enredado em sua próprio delírio. O cenário foi criado a partir da utilização da sobreposição de leitos de hospital feitos de metal. Os atores e espectadores estavam, dramatúrgica e espacialmente, totalmente integrados e o papel de pacientes lhe era imposto.

Akropolis (1962), texto de Wyspianski

O poeta ambientou esta peça no Palácio Real de Cracóvia, na noite da Ressurreição, em que, de acordo com a tradição, as personagens clássicas e bíblicas das antigas tapeçarias penduradas nas paredes ganhavam vida. Grotowski transferiu a ação para Auschwitz, que não ficava longe da cidade de Cracóvia. Os atores eram os mortos ressuscitados do crematório e os espectadores eram os vivos. O figurino foi feito em colaboração com Jozef Szajna, um antigo amigo do Teatro Laboratório e ex-prisioneiro do campo no período de 1940-45. Essa peça teve cinco versões e foi reconhecida internacionalmente, tendo viajado por muitos países durante vários anos. Foi considerada uma das maiores realizações teatrais do século, graças também à atuação magistral de Zygmunt Molik, o ator principal da companhia, bem como pela atuação dos demais atores. Demonstraram, aqui, as mais altas possibilidades de uma elaboração formalista no teatro, expressa em todos os níveis do espetáculo, tanto vocal quanto físico, como a invenção das "máscaras faciais".

A Trágica História do Doutor Fausto (1963), texto de Christopher Marlowe

A estrutura da peça foi reorganizada para tratar das horas finais da vida de Fausto antes de ser chamado para a condenação eterna. O arranjo cênico foi realizado nos três lados de uma mesa típica de um refeitório monástico, na qual os espectadores e dois atores eram os convidados de uma espécie de Última Ceia. A atmosfera do espetáculo era altamente religiosa, e, ao mesmo tempo que sacrílega e aterrorizante, as personagens vestiam hábitos de diferentes ordens monásticas e Fausto (representado por Zbigniew Cynkutis) era tratado como um santo.

Estudo sobre Hamlet (Studium O Hamlecie) (1964), dos textos de William Shakespeare e Stanislaw Wyspianski

O título foi inspirado em um ensaio escrito por Wyspianski, no qual ele analisava as cenas chaves da peça de Shakespeare. O Teatro Laboratório usou fragmentos de ambas as fontes, apresentando, de acordo com Ludwik Flaszen, a "versão deles da história do príncipe dinamarquês: variações sobre os temas selecionados de Shakespeare. O estudo de um 'motif'. O motif era o de um 'outsider', um forasteiro. Hamlet foi vivido por Zygmunt Molik e foi associado com a imagem de um judeu, uma escolha que provocou desaprovação e suspeitas de antissemitismo. A peça era um trabalho coletivo experimental, entendida como um ensaio aberto e transcorreu em uma sala completamente vazia. Apesar de ter sido o único trabalho novo apresentado em 1964, houve apenas vinte apresentações com um total de 630 espectadores.

O Príncipe Constante (1965), texto de Calderón/Slowacki

O texto, baseado na adaptação do escritor romântico Juliusz Slowacki do clássico drama de Calderón, também havia sido utilizado anteriormente pela companhia de Osterwa, a Reduta. Trata do martírio de Dom Fernando, que foi aprisionado por mouros após uma batalha. Ele é maltratado e passa fome, porém suporta todos os abusos com calma extrema e determinação. Eles o ameaçam para que ele implore pela sua liberdade e ofereça, em troca, a cidade cristã de Ceuta, na qual seu *status* de cavaleiro havia sido conquistado. Mas, os mouros não obtém sucesso. O cativeiro de Dom Fernando só acaba com a sua morte, e em um estágio em que mesmo seus torturadores estão chocados com seus sofrimentos e comovidos com sua constância, com a sua persistência. O espetáculo marca um período de estabilidade do Teatro Laboratório, com a transferência para uma cidade maior, Wroclaw, e o grande reconhecimento internacional. A atuação de Ryszard Cieslak no papel de Dom Fernando é considerada o ápice do método de atuação e da pesquisa de Grotowski, e o artista foi premiado como melhor ator do ano nos Estados Unidos.

O cenário foi concebido uma espécie de teatro operatório, em que os espectadores estavam separados da ação e compelidos a olharem para baixo, assumindo o papel de um observador quase clínico.

Em 1968, a primeira edição do livro *Em Busca de um Teatro Pobre* foi publicada (baseado em entrevistas e discursos públicos, publicado em inglês e editado por Eugenio Barba, o ex-assistente de Grotowski). Nos anos seguintes, ele foi traduzido em inúmeras línguas, tornando-se um clássico da prática e teoria teatral e influenciando gerações de praticantes de todo o mundo.

APOCALYPSIS CUM FIGURIS (1969), BASEADO EM TEXTOS DA BÍBLIA, EM OS IRMÃOS KARAMAZOV, DE DOSTOIÉVSKI, EM T. S. ELIOT E NO PRÓLOGO DE SIMONE WEIL

A última produção do Teatro Laboratório teve um longo período de preparação e suas muitas versões acompanharam o desenvolvimento da companhia ao longo de um período de doze anos, durante o qual a maior parte da energia esteve dedicada à investigação de formas pós-teatrais. Seu trabalho era inicialmente baseado em *Samuel Zborowski*, de Slowacki, e depois nos *Evangelhos* (*Ewangelie*, em polonês, quando o espetáculo foi apresentado em apenas algumas apresentações para convidados). Depois de três anos, a peça ganhou a forma que conhecemos como *Apocalypsis cum Figuris*. Apocalypsis utilizava fragmentos de diferentes autores e uma seleção de sugestões dos atores gerada nas improvisações, que encontrava uma significância contemporânea particular na sua aproximação com o mito. Grotowski explicou: "Em *Apocalypsis,* nós partimos da literatura. Não era uma montagem de textos, era algo a que chegávamos durante os ensaios, através de *flashes* de revelação, através das improvisações. Tínhamos material para vinte horas quando finalizamos. A partir deste material, tínhamos que construir algo que tivesse sua própria energia, seu próprio fluxo. Foi apenas neste momento que nos voltamos para o texto, para as falas". O conceito de "teatro pobre" estava agora no seu limite e apenas as ações dos atores e os espectadores definiam o espaço de representação. A sala era iluminada por dois holofotes e por velas.

PARATEATRO

Depois de fazer sua solitária viagem pela Índia, Grotowski reapareceu fisicamente transformado e com novas ideias. Antes aparentava ser um típico intelectual "existencialista" rechonchudo, vestido de preto e sempre com óculos escuros. Depois dessa viagem, Grotowski emagreceu muito, usava barba e cabelo comprido, calça jeans, com um típico hippie. Em 1970, no auge do seu sucesso, assim como Jacques Copeau fez na França na primeira parte do século XX, Grotowski decidiu abandonar o palco e passou do que ele chamava de "Teatro dos Espetáculos" para as novas fronteiras da pesquisa pós-teatral que ele chamou de "Parateatro", ou de "Teatro de Participação" ou de "Cultura Ativa", envolvendo nessa aventura grande parte dos antigos integrantes da companhia, e recrutando novos. Ele começou a viajar e fazer palestras para apresentar os novos desdobramentos da sua pesquisa, enquanto continuava a apresentar *Apocalypsis cum Figuris*. Esse último espetáculo foi também utilizado para atrair participantes para as atividades pós-teatrais, era uma espécie de campo de recrutamento.

HOLIDAY

O mais importante documento dessa fase do trabalho foi publicado em 1973, com o título "Holiday – The day that is holy",[1] parcialmente baseado no registro escrito da conferência de Grotowski na New York University, em dezembro de 1970.

Este é o ponto crucial daquele texto:

> Algumas palavras estão mortas, apesar de continuarmos a utilizá-las. Há algumas que estão mortas não porque devessem ser substituídas por outras mas, porque o que elas significam está morto. Isso é verdadeiro, ao menos, para muitos de nós. Algumas destas palavras são: espetáculo, apresentação, teatro, espectador, etc. Mas, o que é necessário? O que está vivo? Aventura e encontro; não qualquer um; mas, para que aquilo que queremos que aconteça conosco possa acontecer, e, então, isso também poderá acontecer com outros dentre nós. Para isso, o que precisamos?

---

[1] Esse trabalho chama-se "Holiday", cuja etimologia remete a Holy Day (o Dia Sagrado), que significa Feriado, em português. (N. T.)

Primeiro, de um lugar e dos da nossa espécie; e então aqueles de nossa espécie que não conhecemos devem chegar também. O que importa é que, no início, eu não devo estar sozinho, e depois, nós não devemos estar sozinhos. E o que significa os da "nossa espécie"? São aqueles que respiram o mesmo ar – e poderia se dizer –, compartilham nossos sentidos. O que é possível juntos? Holiday.

Cultura Ativa

Alguns anos depois, ele explicou:

Nós percebemos que quando eliminávamos certos bloqueios e obstáculos, o que permanece é o que é mais elementar e mais simples – o que existe entre os seres humanos quando têm uma certa confiança uns nos outros e quando buscam uma compreensão que está além da compreensão das palavras [...] precisamente neste ponto não representamos mais [...] um dia achamos que era necessário eliminar a noção de teatro (um ator na frente de um espectador) e o que restou foi a noção de encontro – não um encontro cotidiano, e não um encontro que acontece ao acaso [...] Este tipo de encontro não pode ser realizado em uma tarde.

Grotowski tentou na prática transcender a separação entre ator e espectador, que ele considerava uma prática de "cultura passiva", através da organização de ritos comunitários ede trocas interativas simples entre todos os presentes nesses evento. Esta prática de quebrar a separação tradicional entre o ator e o espectador assumiu o título de "Cultura Ativa", porque não havia, entre os líderes – já experientes ou da nova geração de jovens recentemente agregados – e os participantes, uma diferença substancial em termos da natureza da atividade realizada.

Os Projetos

Os projetos foram desenvolvidos de diferentes maneiras e apresentados como eventos, alguns durante longos períodos, que buscavam provocar nos participantes, que já não eram espectadores, um impulso de descondicionamento. A descoberta de uma nova relação com a natureza foi o primeiro passo dessa pesquisa, que começou na floresta perto de Wroclaw. A investigação esteve localizada principalmente nas áreas em torno da antiga casa em Brzezinka, antes de ser parcialmente transferida para o ambiente interno.

Os eventos de destaque eram o Special Project, Acting Therapy (liderada inicialmente por Zygmunt Molik), o Laboratório Geral (incluindo as sessões de trabalho parateatrais noturnas denominadas Colmeia), o Projeto da Montanha (dividido em Noite de Vigília, O Caminho e Montanha de Chama), Aberturas (Otwarcia), Vigílias, Projeto Terra (dividido em Vigília, Fazer, Vilarejo) e Árvore das Pessoas, onde qualquer divisão entre as atividades domésticas do dia a dia e o trabalho pós-teatral desapareciam.

L'Université de Recherches

Do dia 14 de junho a 7 de julho de 1975, Grotowski, com a colaboração de Eugenio Barba, foi anfitrião, em Wroclaw, de uma sessão de L'Université de Recherches do Festival do Théâtre des Nations, que tinha a intenção de ser o ponto culminante de todo o processo de trabalho do Teatro Laboratório, que, seria, enfim, aberto ao grande público. O resultado foi um evento imenso, que abrigou diversos encontros públicos, apresentações, exibições, oficinas e demonstrações de treinamento dos principais protagonistas do teatro contemporâneo internacional. De acordo com Leszek Koliankiewicz, durante o festival, houve pelo menos 4.500 participantes ativos em inúmeras atividades parateatrais conduzidas por integrantes do Teatro Laboratório.

O TEATRO DAS FONTES E O QUE VEIO DEPOIS

Enquanto os integrantes da companhia continuavam, individualmente e em grupos, realizando seu trabalho teatral e parateatral, Grotowski desenvolveu novas perspectivas na pesquisa pós-teatral. Em junho de 1978, no simpósio do Instituto Internacional de Teatro, sediado em Varsóvia, ele, durante a primeira Reunião de Teatro Internacional, fez uma palestra na qual, pela primeira vez, mencionou o Teatro das Fontes, um projeto de larga escala que ele estava prestes a conceber.

Ele emitiu a seguinte nota na imprensa:

> Os participantes do Teatro das Fontes são pessoas de diferentes continentes, culturas e tradições. O Teatro das Fontes dedica-se a estas atividades que nos levam para as fontes da vida, para, a percepção direta, primária, para uma experiência luminosa, orgânica, da vida, da existência, da presença. Primária, quer dizer um fenômeno dramático, radical – um tema inicial, codificado. O Teatro das Fontes foi planejado para ocorrer entre os anos de 1978 e 1980, com uma intensa atividade nos períodos de verão e com a sua realização final em 1980.

De fato, esse projeto absorveu o interesse de Grotowski ao longo dos anos seguintes e o levou a criar diferentes grupos internacionais e a viajar para países distantes e culturas longínquas, como o Haiti, a Índia e o México, entre outros lugares.

Em Wroclaw, enquanto outros projetos ainda estavam ocorrendo, eles receberam alguns protagonistas destes encontros, inúmeros convidados vindos do Haiti, liderados por Jean-Claude Tiga do Saint Soleil, um grupo de Bauls indianos, etc., assim como outros membros internacionais do grupo, entre eles, Abani Biswas e Jairo Cuesta.

O Exílio

Em 1982, a Polônia estava sob lei marcial e Grotowski sentiu que o seu trabalho e vida estavam correndo perigo. Em busca de um lugar seguro para morar, ele se mudou para Roma e deu uma importante série de palestras sobre a sua pesquisa recente, na Universidade de Roma 'La Sapienza', antes de receber um convite de Nova York para lecionar na Universidade de Columbia durante um ano. Em seguida, ele encontrou apoio para um novo programa de pesquisa na Universidade de Irvine, na Califórnia. Além do curso regular de direção, ele enfocou técnicas físicas básicas, ações e cantos rituais que podem impactar de forma semelhante qualquer artista independente de sua crença ou cultura de origem. Este tipo de trabalho ficou conhecido como "Objective Drama". Um pavilhão feito inteiramente de madeira foi, a partir de um pedido de Grotowski, especialmente construído para este trabalho.

Pontedera e "Arte como Veículo"

Depois de alguns anos nos EUA, Grotowski decidiu mudar-se para a Itália, em 1986, e aceitou a oferta mais modesta de hospitalidade de um grupo de jovens mas entusiasmados apoiadores do seu trabalho, que lhe deram a oportunidade de conduzir uma pesquisa de longo prazo sem a pressão de mostrar os resultados enquando estes não estivessem prontos.

Nos arredores da pequena cidade industrial de Pontedera, na Toscana, em uma grande construção na localidade de Vallicelle, ele estabeleceu o "Workcenter of Jerzy Grotowski" e, mais tarde, o "Workcenter of Jerzy Grotowski and Thomas Richards", com o acréscimo do nome do seu discípulo escolhido e herdeiro. Aqui ele trabalhou sobre o que Peter Brook denominou de "Arte como Veículo", e pesquisando com jovens companheiros e alunos. O efeito direto deste tipo de trabalho, a direção de todos os esforços já não era "horizontal", quer dizer, dirigida para os espectadores ou para outros participantes que buscassem uma troca semelhante ao que tinha acontecido no Parateatro e no Teatro das Fontes, mas "vertical", quer dizer, exclusivamente eficaz para os próprios performes. O resultado visível foi a criação da 'Downstairs Action' e da 'Action', em que havia muitos atuantes no lugar de atores, e testemunhas ao invés de espectadores. Até agora foram feitas muitas exibições na presença de testemunhas (que recebem um tipo de efeito secundário, como as testemunhas de rituais), e há aqui uma explícita reconexão com a primeira fase do trabalho de Grotowski no domínio do Teatro dos Espetáculos.

Jerzy Grotowski trabalhou e viveu em Pontedera até sua morte em janeiro de 1999. De acordo com sua vontade, suas cinzas foram espalhadas na montanha sagrada de Arunachala, em Madras.

FOTOGRAFIAS

1. Como *recytacje*, "conférencier" para a agência Aktors localizada em Cracóvia
(arquivo de Molik)

2. Como *recytacje*, "conférencier" do Exército Polonês (arquivo de Molik)

3. Despedida da escola de teatro. Na foto, o decano professor Kasimir Rudzki, seu assistente Lapicki, prof. Perzanowska, prof. Witkowska, prof. Bardini, prof. Sempolinski e colegas Zdzisio Szymborski, Wiskowska e Barbara Prosniewska (arquivo de Molik)

4. Um dos primeiros espetáculos em Cracóvia (arquivo de Molik)

5. *Gangsters* em Lódz no Teatro 7.15 (arquivo de Molik)

6. Em Lódz, na peça de escritor húngaro Molnar (arquivo de Molik)

7. Em cena no Teatro Bagatella em Cracóvia em 1964 (arquivo de Molik)

8. No papel de Fabian em *Noite de Reis* de William Shakespeare em Opole (arquivo de Molik)

Fotografias 287

9. Em Opole como Maurycy em L'été en Nohan, peça sobre a amante de Fréderic Chopin escrita por J. Iwaszkiewic e dirigida por Jerzy Ankczac, antes da realização do seu filme (arquivo de Molik)

10. Em cena em *Terror e Miséria no Terceiro Reich* de Brecht no Teatro Bagatella em Cracóvia em 1966 (arquivo de Molik)

11. Treinamento no Teatro Laboratório (Cortesia do Instituto Grotowski)

A SEGUIR: FOTOGRAFIAS DE TODOS OS ESPETÁCULOS DO TEATRO LABORATÓRIO DIRIGIDOS POR JERZY GROTOWSKI

12. *Orfeu* (1959) (Cortesia do Instituto Grotowski)

13. *Caim* (1960) (foto de Miroslaw Kopydlowski)

14. Com Grotowski e o elenco *de Mistério Bufo* (1960) (foto de Leonard Olejnik)

15. *Sakuntala* (1960) (foto de Leonard Olejnik)

16. *Os Antepassados* (1961) (foto de Ryszard Okonski)

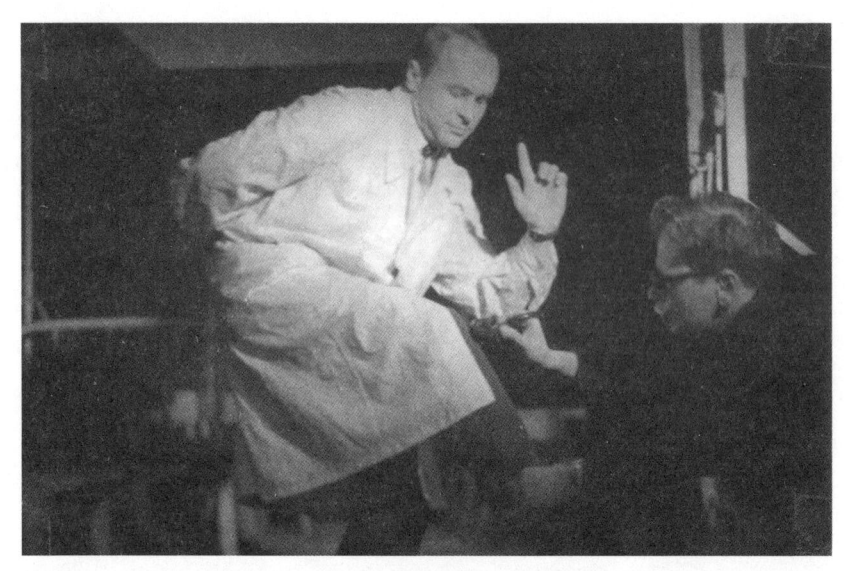

17. Com Grotowski no ensaio de *Kordian* (1962)
(Cortesia do Instituto de Grotowski)

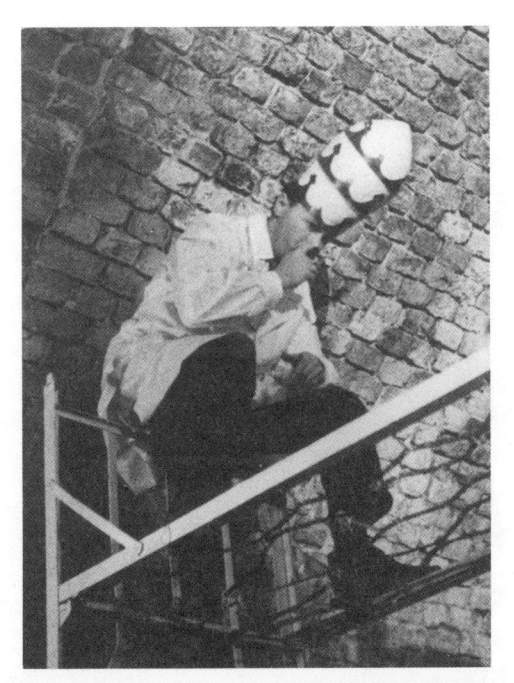

18. *Kordian* (1962) (Cortesia do Instituto Grotowski)

19. Ensaio de *Akrópolis* (1962) (Cortesia do Instituto Grotowski)

20. Com Rena Mirecka em *Akrópolis* (1962) (Cortesia do Instituto Grotowski)

21. *O Príncipe Constante* (1968) (Cortesia do Instituto Grotowski)

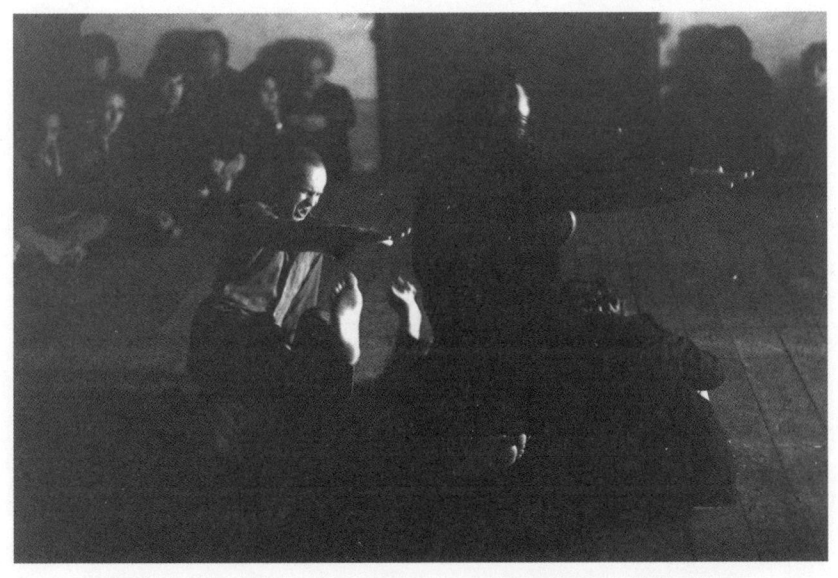

22. *Apocalypsis cum Figuris* (1979) (Foto de Lorenzo Capellini)

ALÉM DO TEATRO

23. O Teatro Laboratório na Cidade do México em 1970. Presentes na foto:
o diretor administrativo Andre Sel, Jerzy Grotowski, o embaixador polonês,
Rena Mirecka, Ludwik Flaszen, Zbigniew Cynkutis, Stanislaw Scierski
(Cortesia do Instituto Grotowski)

24. Composição inicial do "Alfabeto do Corpo"
(Cortesia do Instituto Grotowski)

25. Em Brzezinka, à época do Parateatro (arquivo de Molik)

26. Em Montalcino (Itália), para uma oficina de Voz e Corpo (arquivo de Molik)

Fotografias 299

27. Uma sessão de trabalho em Roma com Ludwik Flaszen
(foto de Jan K. Fiolek)

28. Com Katzu e Ioshita Ono em Paris em 1990 (arquivo de Molik)

29. Trabalhando em Wroclaw (arquivo de Molik)

30. Com Eugenio Barba durante a sessão da ISTA (International School of Theatre Antropology) em Wroclaw em 2005 (foto de Francesco Galli)

31. Giuliano Campo com Ferdinando Taviani, Eugenio Barba e Mirella Schino em Holstebro, 2008 (foto de Francesco Galli)

32. Uma sessão recente de Voz e Corpo em Wroclaw (foto de Francesco Galli)

33. Fotografado por Francesco Galli, Wroclaw, 2008

Dados Internacionais de Catalogação na Publicação (CIP)
(Câmara Brasileira do Livro, SP, Brasil)

Campo, Giuliano
　　Trabalho de voz e corpo de Zygmunt Molik: o legado de Jerzy Grotowski / Giuliano Campo, com Zygmunt Molik; tradução Julia Barros. – São Paulo : É Realizações, 2012. – (Coleção Grotowski)

　　Título original: Zygmunt Molik's voice and body work: the legacy of Jerzy Grotowski.
　　ISBN 978-85-8033-084-7

　　1. Representação teatral 2. Voz - Educação - Exercícios I. Molik, Zygmunt. II. Título. III. Série.

12-03106   CDD-792.02

Índices para catálogo sistemático:
1. Voz e trabalho corporal : Artes da representação   792.02

Este livro foi impresso pela Corprint Gráfica e Editora para É Realizações, em abril de 2012. Os tipos usados são da família Sabon LT Std e Trajan-Normal Regular. O papel do miolo é pólen bold 90g, e o da capa, cartão supremo 300g.